演説するヒトラー

IIA - 19356

右：併合したオーストリアに入るヒトラー
上：ミュンヘン会談　左からチェンバレン英首相、ダラディエ仏首相、ヒトラー独総統、ムッソリーニ伊首相。１９３８年９月29日
左：１９３９年９月１日、対ポーランド宣戦布告直後のドイツ国会　前段の中央がヒトラー

フランスの休戦申し出に接して歓喜するヒトラー

戦いに敗れ、脱ぎ捨てられたナチの制服　1945年4月の街頭一シーン

新・人と歴史　拡大版　10

ヒトラーと第二次世界大戦

［新訂版］

三宅　正樹　著

SHIMIZUSHOIN

本書は「人と歴史」シリーズ（編集委員　小葉田淳、沼田次郎、井上智勇、堀米庸三、田村実造、護雅夫）の『ヒトラー』として一九七四年に、「清水新書」の『ヒトラーと第二次世界大戦』として一九八四年に刊行したものに加筆・修正を施して新訂版として復刊したものです。

はしがき

ヒトラーの生涯については、汗牛充棟《かんぎゅうじゅうとう》もただならぬほど、おびただしい量の著述がなされている。すでに戦前から、コンラッド＝ハイデンなどの批判的研究が開始されていたが、当時は、ヒトラーに迎合し、これを無条件に賛美するものが多かった。戦後は、前者の立場からする研究が飛躍的な発展をとげたが、ヒトラーについての伝記的著作の刊行は最近ますますさかんとなり、ウェルナー＝マーザーやヨアヒム＝C＝フェストの分厚い伝記があいついで出版されている。

これらの著述のうちのいくつかを、ただ要約したり、反復したりするものではなく、何か独自性を主張できるものを書くというのは、たやすいことではない。そのためには種々の工夫が必要であろう。著者はまず第一に、対象として取りあげる時代をできるだけしぼり、そこに表れたヒトラーのすがたを、かなり微視的なニュアンスに至るまで、追跡しようと努力した。具体的には、一九三七年一一月五日、オーストリアとチェコスロヴァキアとを対象とするヒトラーの戦争計画が初めてあからさまに提示された時点から叙述を開始し、四〇年一一月一二、一三の両日、スターリンの使者であるモロトフがベルリンでヒトラーと対決して、独ソ戦が不可避となる時点までの、世界の運命を決定した三年間に叙述の主要部分を集中させている。

しかし、時期を限定して掘りさげただけでは、ただちに独自性を主張できることにはならない。そのような研究は、ヒトラーについて、欧米では数多く出されている。欧米の研究に対して、日本側から見たヒトラー、という点において、独自性を持ちうるように、ヒトラーの支配したナチス＝ドイツに対して当時の日本がとった立場、ヒトラーの政治と日本のそれとの比較についての叙述に、できるだけの頁数を割いた。荻窪の近衛文麿邸で開かれた「荻窪会談」や、日独伊三国同盟成立の経緯を大きく取りあげたのはそのためである。これが、本書の第二の特色をなしている。

同時に、可能なかぎり史料に則し、必要な場所では、もっぱら史料そのものをして語らせる、という方法をとったことも、特記しておきたい。これが、本書の第三の特色である。ヒトラーの人間像をうかびあがらせるには、このような方法はとくに有効であると思われる。そのため、冒頭に、わが国ではその内容があまり知られていない「ホスバッハ覚書」のほぼ全訳を掲げたのをはじめ、ヒトラー自身の決定的に重要な発言については、煩《はん》をいとわずに、史料を長文にわたって引用あるいは要約して叙述に織り込むことにつとめた。

集中的な叙述、日本への言及、史料の尊重という三点において、本書がなんらかの成果をおさめていれば幸いである。

一九七四年四月三〇日

三宅　正樹

目次

Ⅲ 東京・モスクワ・ベルリン

Ⅳ ヒトラー・モロトフ会談

ノルウェー
オスロ
スウェーデン
フィンランド
ヘルシンキ
レニングラード
ストックホルム
エストニア
バルト海
ダンチッヒ
ラトヴィア
モスクワ
マーク
コペンハーゲン
リトアニア
キール
東プロイセン
ビアリストク
ソ連
ベルリン
ポーゼン
ワルシャワ
ブレスト－リトフスク
イツ
ポーランド
キエフ
グライヴィッツ
プラハ
レンベルク
トランシルヴァニア北部
ニュルンベルク
ュツットガルト
北ブコヴィナ
ランツベルク
ミュンヘン
スロヴァキア
ルヒデス
ガーデン
ブラウナウ
ウィーン
ベッサラビア
オーストリア
ブダペスト
ハンガリー
テンシュタイン
ユーゴスラヴィア
黒海
ルーマニア
ベオグラード
ブカレスト
タリア
南ドブルジャ
ソフィア
ローマ
ブルガリア
ボスポラス海峡
アルバニア
ギリシア
ダーダネルス海峡
トルコ
海
アテネ

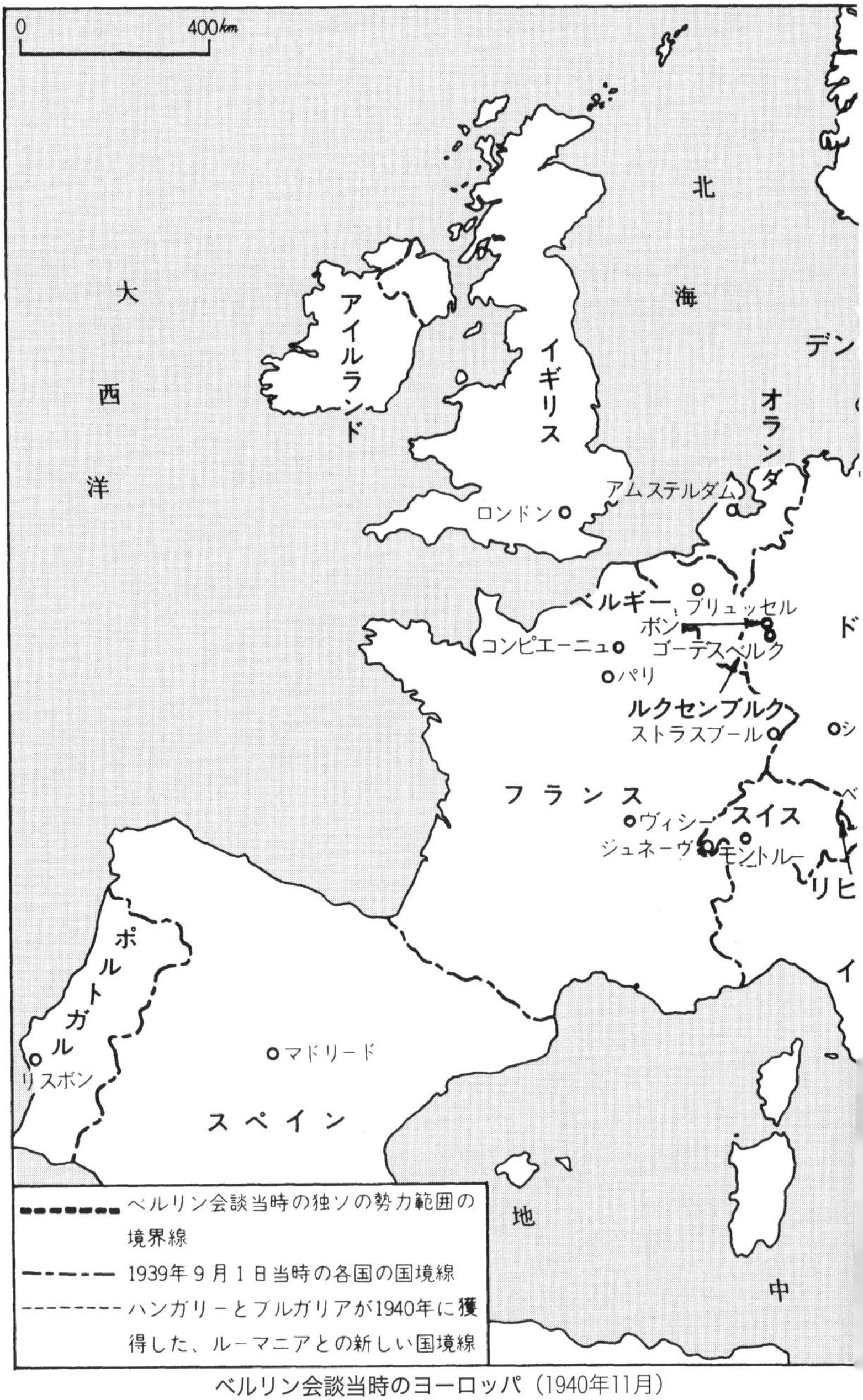

ベルリン会談当時のヨーロッパ（1940年11月）

プロローグ

オーストリアとスイスとの国境に近いアルプスの奥に源を発したイン河は、ヒトラーの山荘のあったベルヒテスガーデンと、ヒトラーが若き日にそこで一揆をおこしたミュンヘンとを結ぶ線のほぼ中央をとおって、ブラウナウへと流れ、まもなく、パッサウでドナウ河に合流する。アドルフ゠ヒトラーは、一八八九年四月二〇日、イン河畔のブラウナウに生まれた。ブラウナウは、昔も今も、オーストリアとドイツとの国境の町である。アドルフの父アロイスは、オーストリア‐ハンガリー帝国の、国境の税関の一小官吏であった。

ブラウナウから、イン河にかかった橋ひとつを渡れば、ドイツ領の国境の町ジンバッハである。しかし、ヒトラーがイン河の南側、すなわちオーストリア‐ハンガリーに生まれたことは、ヒトラーの生涯にとってかなり運命的に作用したと思われる。ヒトラーは、小学校の時代を、ブラウナウに近い上オーストリア州の小都会ランバッハとレオンディングで過ごし、実科学校の時代を、上オーストリア州の首府リンツで過ごしたが、これを中途退学して、ウィーンに移っている。ヴェルナー＝マーザーの詳細な研究によれば、ヒトラーが『わが闘争』のなかで述べている生い立ちの記はあまりあてにならない。ヒトラーがウィーンでどのような生活をしていたかは、不明というほかないが、オーストリア－ハンガリー帝国の末期に、その首都ウィーンで、ヒトラーが、反ユダヤ主義・反議会主義、オーストリア社会民主労働者党の党組織論といったものを吸収したことはほぼ間違いない。ウィーン市長カール＝ルエーガーは、反ユダヤ主義を唱えて大衆の投票を集め、市長に選出された人物であったし、おなじ頃、ウィーンの議会は、帝国内のスラヴ系諸民族、とくにチェコ人の議員の妨害工作によって、機能が麻《ま》痺《ひ》していた。他方、社会民主労働者党は、ヴィクトル＝アドラーのような精力的な指導者を得て、党勢を著しく伸ばした。これらの事実は、ヒトラーの心に深くきざみつけられたはずである。

第一次世界大戦が勃発すると、ヒトラーは、彼がきらっていたオーストリア－ハンガリーの軍隊にはいるのを避け、ミュンヘンでドイツの軍隊に志願した。敗戦直後の一九一九年九月、ヒトラーは、ミュンヘンの群小右翼政党のひとつに過ぎなかった「ドイツ労働者党」に入党する。このとき、この党の党員は六〇人たらずであったといわれている。ヒトラーより前に、のちの突撃隊長エルンスト＝レームが入党していた。やがて党名は「国家社会主義ドイツ労働者党（ＮＳＤＡＰ）」（略してナチ党）とかえられ、二一年になると、党首のアントン＝ドレクスラーを追い出して、ヒトラーが党首となる。

二三年一一月、ヒトラーは、ミュンヘンで、ここを中心とするバイエルン州の右翼諸勢力やバイエルンの軍部と組んで、一揆をおこした。この一揆は失敗に終わり、ヒトラーは投獄された。獄中で『わが闘争』を口述して完成させたヒトラーは、まもなく出獄を許されたが、二三年秋以降、ワイマル共和国初期の政治的混乱は収拾の方向に向かい、「相対的安定期」がおとずれたために、ヒトラーはしばらく待機を強いられた。

二九年一〇月、ニューヨーク株式市場の大暴落に端を発する世界恐慌は、ドイツを直撃し、ワイマル共和国はふたたび大混乱におちいり、ナチ党の進出にとって絶好の機会がおとずれた。ナチ党は、議会の議席と得票の過半数を制することはなかったけれども、ヒンデンブルク大統領を取りまく政治家たち、フランツ＝フォン＝パーペンやクルト＝フォン＝シュライヒャーらとヒトラーとの取り引きにより、三三年一月三〇日、ヒトラーは、ヒンデンブルクから首相に指名されることに成功した。当時パーペンは、自分を首相の座から陰謀によってひきずりおろしたシュライヒャーに対する復讐の機会をねらっており、ヒトラーに内閣をつくらせてシュライヒャーを追いおとし、自分は副首相となってヒトラーをおさえ込むことを考えて、大統領にそのように進言したのである。老齢の元帥ヒンデンブルクは、ヒトラーのことを「ボヘミアの上等兵」とよんでつねづね軽蔑《けいべつ》しており、ヒトラーを首相に任命することをしぶったが、ついにパーペンに説得されてしまった。ヒトラー内閣の成立当初、この内閣は、外相と国防相という二つの主要な地位に、大統領の指名にかかるコンスタンチン＝フォン＝ノイラートとヴェルナー＝フォン＝ブロンベルクが座り、ナチ党員は、無任所相ヘルマン＝ゲーリングと内相ヴィルヘルム＝フリックの二名だけであった。しかし、ヒトラーを自分たちの政治目的のための操り人形に仕立てようとしたパーペンらのもくろみは一年以内に完全に破産する。

ヒンデンブルク大統領の死後、ヒトラーは「総統」（フューラー）に就任し、また、三四年六月三〇日、自分に反抗する可能性を持つ、レームらの突撃隊幹部やシュライヒャーら多数を殺して、その権力を固め、さらに、三七年一一月五日、軍首脳部と外相とを前に、自分の抱く戦争計画を開陳し、これに反対したブロンベルクやノイラートらを、巧妙な方法で内閣から追放する。三八年二月四日の追放劇により、ヒトラーの独裁体制は格段に強固なものとなる。第一章の叙述は、三七年秋のこの会談から始まる。

なお、文中に「ライヒ」ということばがしばしば出てくるが、これを「帝国」と訳すのは妥当でないので、そのまま掲げた。神聖ローマ帝国に由来するこの用語は、ヴィルヘルム二世退位後も、ドイツ国家を示すものとしてワイマル共和国と第三帝国のなかに生き残ったのである。

I

ドイツ国防軍とヒトラー

ホスバッハ覚書

❖ホスバッハ覚書の性格

一九三七年一一月五日という日付は、ヒトラーの戦争計画の進行を考えるうえできわめて重要である。この日にヒトラーが戦争を始めたわけではない。けれども、ヒトラーの考えていた、来るべき戦争の見取図が、ドイツの指導者たちに向かって、初めて発表されたのは、この日だったのである。

ヒトラーは、国防相ヴェルナー＝フォン＝ブロンベルク、陸軍司令長官ヴェルナー＝フォン＝フリッチュ、海軍司令長官エーリッヒ＝レーダー、空軍司令長官ヘルマン＝ゲーリング、外相コンスタンチン＝フォン＝ノイラート、ヒトラーの副官で陸軍大佐のフリードリヒ＝ホスバッハの六人を、ベルリンの総統官邸に集めて、一一月五日の午後四時一五分から八時三〇分まで、将来の戦争計画をめぐる議会を開いた。このとき出席していたホスバッハが、会議のあらましを記録した。この日の会議については、これ以外になんの記録も残されていない。そこで、この「ホスバッハ覚書」が、ヒトラーの具体的な戦争計画を示すものとして、戦後注目をあびることになった。

「ホスバッハ覚書」を発見したのは、一九四五年から四六年にかけて、ニュルンベルクで行われた国際軍事裁判の検事団であった。同法廷では、これを、ヒトラーの侵略的な戦争計画をものがたる動かぬ証拠として重視し、とくに判決のなかにくわしく引用した。そして、ニュルンベルクの法廷は、ゲーリング被告やレーダー被告の反論をしりぞけて、「ホスバッハ覚書」の叙述はほぼ正確である、と断定している。

第二次世界大戦を勃発させた責任はヒトラーにはない、という主張を、アメリカの右翼系民間史家デーヴィッド=ホッガンとならんでかかげた、オックスフォード大学の歴史学者A=J=P=テイラーは、「ホスバッハ覚書」についても、これらの被告たちとはべつの角度から、疑問をさしはさんでいる。しかし、この文書が、ヒトラーの発言と意向とをほぼそのままに伝えていることは、否定できないようである。

「ホスバッハ覚書」は、長文の文書であるが、それが持つこのような重要性にかんがみて、ここでは、その内容にくわしく立ち入って、ヒトラーの戦争計画と、ブロンベルクらがこれに反対して展開した慎重論とを検討してゆくことにする。

ヒトラーは、会議を始めるにあたって、今日の会議の主題はきわめて重要であり、ドイツ以外の国でならば閣議にかけられるものであるが、扱われる事柄の意味から考えて、そういう大がかりな討論の場を避けることにする、とことわっている。これは、ヒトラーが秘密のもれるのをおそれたものと思われる。自分が今まさに行おうとしている演説は、熟慮と、四年半にわたる統治の経験の結果である、とヒトラーはことばをつづけた。さらに、ヒトラーは、自分が死んだ場合には、今日の演説を自分の遺言と見なしてほしい、と述べた。

❖ヒトラーの歪んだイメージ

「ホスバッハ覚書」は、ニュルンベルク裁判の検事側証拠資料三八六――PSとして提出され、現在では、『ドイツ外務省外交文書』のDシリーズの第一巻に、文書第一九号として収録されている。以下、「ホスバッハ覚書」に記録された、ヒトラーの生のことばを引用して、ヒトラーの戦争計画の具体的なあり方を眺めてゆきたい。ヒトラーはまず、つぎのように述べている。

ドイツの政治の目標は、民族集団の維持と増大とである。したがって、空間の問題が重要となる。

ドイツの民族集団は、八、五〇〇〇万人を数える。これらの人々は、人口数と、ヨーロッパにおける居住空間のまとまりとにおいて、強固にまとまった人種の核を形成している。このようにまとまった人種の核は、ほかのどこにも見出せない。また、この人種の核は、他方で、より大きな生活空間（レーベンスラウム）への権利を、他の諸民族よりももっと多く有するものである。ドイツの人種の核にふさわしい政治的な成果が、空間の領域において達成されていないとすれば、それは、何百年にもわたる歴史的な発展の、ひとつの結果である。そして、このような政治的状態がつづくことは、ドイツの人口を現在の高さに維持することにとって、最大の危険を意味する。オーストリアとチェコスロヴァキアにおけるドイツ人口の減少をおしとどめることは、ドイツ本国におけるドイツ人口の現状維持とおなじように、不可能なことである。成長の代わりに、不妊化が始まる。その結果、社会的緊張が、何年かあとにはおこるにちがいない。なぜならば、政治上ならびに世界観上の諸理性というものの存在がながつづきすることができるのは、これら諸理性が、一民族の真の死活の要求を実現する基礎を供給できる場合にかぎられるからである。ドイツの将来は、それゆえに、もっぱら、ドイツが空間の欠乏を解決できるかどうかによって決定される。このような解決は、もちろん、見通しのきく時間、一世代ないし三世代をつつむ時間のなかで求められなければならない。

ここに展開されているのは、ダーウィンの「生存競争」ないし「適者生存」の考え方を生かじりして、民族問題にこれを適用した、粗雑な生物学的思想とでもいうべきものである。このような思想はまた、ヒトラーの主著『わが闘争』の基調でもある。ヒトラーは、自分の頭のなかで、ドイツ民族について、歪んだイメージをどんどん肥大させる。このイメージは、現実のドイツ民族のあり方と、必ずしも一致していない。ともあれ、ヒトラーは、アーリア人種の代表としてのドイツ民族が、ヨーロッパの東部に自己の生活空間をきずく権利を有する旨を、くりかえしくりかえし、『わが闘争』のなかで主張している。

❖アウタルキーと世界経済

「ホスバッハ覚書」に記録されたヒトラーの演説の最初の部分は、『わが闘争』の主張の基本線を、ヒトラーが再確認してみせたものである。このような再確認の作業はさらにつづく。再確認のあとに出てくる結論は、戦争である。まず、ヒトラーは、こう述べた。

空間の欠乏の問題に立ち向かう前に、つぎのような考察を行わなければならない。それはすなわち、ドイツ問題の、将来性に富む解決が、アウタルキー（自給自足）によってか、それとも、世界経済への一層積極的な参加によって、達成できるかどうか、という問題を考察することである。

ヒトラーは、アウタルキーの達成は、ひきしまったナチス的国家指導によってのみ可能である、と考える。しかし、ドイツが完全なアウタルキーを実現しうるとは、ヒトラーは考えていなかった。ヒトラーがここで述べているところによれば、原料の領域では、限定されたアウタルキーは可能であるが、完全なアウタルキーは不可能である。第一に、石炭に関するかぎり、アウタルキーは実現可能である。しかし、第二に、鉱石の領域では、状況ははるかにきびしい。鉄の需要については、自己調達は可能であり、軽金属についても同様である。しかし、他の原料、すなわち銅や錫ではそうではない。第三に、繊維の原料は、木材の産出が十分あれば自己調達できるが、長期的な解決は不可能である。第四に、食用油は自己調達可能である。

ヒトラーが、石炭や鉄についてよりも、より深刻な不安を抱いていたのは、食糧問題であった。食料品の領域では、アウタルキーの可能性はない、とヒトラーは考えていた。ヒトラーは、食糧問題について、つぎのように述べている。

生活水準の一般的な向上により、三〇ないし四〇年前の時期とくらべて、需要の増大と生産者自身、すなわち農民の増大した自家消費とが、手に手をたずさえて出現している。農業の生産向上という救いは、需要の増大をカバーするために消費され相殺《そうさい》されてしまった。したがって、このことは、生産の絶対的な向上とはならなかった。すでに化学肥料のために疲弊現象をおこしている土地に無理強いをして生産をこれ以上増大させることは、もはやほとんど不可能である。それゆえ、生産向上が最大限に達成された場合でも、世界市場への参加が避けられぬことは確実である。食糧確保のための外国為替勘定は、豊作の場合にもかなりの金額にのぼっているが、凶作の場合には破局的な額に達することになる。破局が出現する可能性は、人口増加に比例して高まっている。その際、毎年五、六万の出生過剰は、それだけ増大したパンの消費を、結果としてよびおこす。なぜならば、子供は大人よりもパンをより多く食べるからである。

ヒトラーによれば、ドイツは、食糧の自給自足を達成することができない。しかも、ヒトラーは、フランスのように人口がほとんど増大せず、むしろ減少に向かっている国家は、健全な国家ではないと考え、ドイツ人口の増加を切望している。ところが、「子供は大人よりもパンをより多く食べる」というのであるから、食糧危機は不可避となる。輸入に頼ろうとすれば、外国為替勘定に赤字がふえる。かくて、ヒトラーによれば、ドイツに「飢えの時代」が到来するのを防止するためには、劣等人種であるスラヴ人の土地を奪いとり、最優秀のドイツ民族が飢えぬようにするほかないこととなる。このような、東方への武力進出という結論をひき出す前に、ヒトラーは、世界経済への参加の問題について、ひとしきり論じてみせた。ヒトラーはいう。

世界経済への参加には、我々が取り除くことのできない境界線がひかれてしまっている。ドイツの現状の確実な基礎をつくる作業には、景気変動が邪魔物となっている。貿易協定というものは、実際的な適用についてはなんの保障をも提供しない。ことに、世界大戦以来、まさに、以前には食糧輸出国であった国々の工業化がおこっていることを、とりわけ徹底して考えてみるべきである。我々は、経済上の諸帝国の並存する時代に生きている。この時代においては、植民地化への衝動が、ふたたび大昔の状態に近づいているのである。日本とイタリアとにおいては、領土拡大の衝動の基礎に経済的な諸動機が存在しているが、これはちょうど、ドイツにとって経済的困窮が起動力となるのとおなじことである。大きな経済帝国のそとにある国々にとって、経済的拡大の可能性はとくにせばめられている。

軍需景気によって世界経済のなかにひきおこされた刺激は、けっして、より長期にわたる経済の健全化の基礎を形成しうるものではない。経済の健全化を、何よりもまず、ボルシェヴィズムに端を発する経済の混乱が妨害している。その生存を貿易に依存している国々は、軍事面において明らかに弱体である。我々の貿易は、イギリスによって支配された海域を通路としているがゆえに、戦争に際して、我々の食糧（供給の）状態をめぐる大きな弱点が明らかとなる。この弱点は、外国為替の問題よりも、輸送の安全の問題のなかにある。ただひとつの、そして我々にはおそらく夢のようなものにしか思われない救いは、より大きな生活空間を獲得することのなかに存する。これは、あらゆる時代に諸国家の形成と諸民族の移動の原因となってきた、努力を意味する。この努力が、ジュネーヴ（の国際連盟）において、また、飽和《ほうわ》せる諸国において、なんら関心の対象とならないというのは、理解できることだ。我々の食糧状況の安全性という問題が表面に押し出された場合、この問題のために必要な空間を求めることが可能なのは、ヨーロッパの内部に限られる。自由主義的資本主義的諸見解から出発して、（海外の）植民地の搾取のなかに解決を求めることはできない。人間を獲得することではなく、農業による利用の可能な空間を獲得することが問題なのである。原料供給地域もまた、ヨーロッパのなかで、ライヒ（ドイツ）に直接に境を接するところに求め、海外に求めることはしないほうが合理的である。この解決は、一ないし二世代のあいだ効力を持ちつづけるものでなければならない。それ以上あとの時代に必要となるものについては、これを、後世の世代にゆだねなければならない。大きな世界像の展開が今ゆっくりと行われつつある。そして、その強力な人種の核を有するドイツ民族は、ヨーロッパ大陸のなかに、このためにもっとも有利な諸前提を見出すのである。すべての空間の拡大が、抵抗の打破を通じて、そして危険を賭して初めて行われうるものであることは、あらゆる時代の歴史、すなわち、ローマの世界帝国や英帝国が証明した。その反動も避けがたい。昔も今も、所有者のいない空間は存在しない。攻撃するものは、つねに、所有するものにつきあたる。

ドイツにとっての問いは、最小の武力の投入で最大の成果が獲得できるのはどこか、ということである。

❖「英米本位の平和主義を排す」

「ホスバッハ覚書」に記録された、このようなヒトラーの論旨をたどるとき、我々の心にただちに思い浮かぶのは、ヒトラーが『わが闘争』で展開した、ドイツの外交路線ならびにドイツの戦争計画の見取図である。しかし、同時に、我が国においても、「ホスバッハ覚書」の内容とよく似た、「持たざる国」の自己主張が、声高らかに叫ばれていたことが想起される。このような主張は、枚挙《まいきょ》にいとまがないが、なかでも、かなり早い時期に、少なくとも、『わが闘争』がランツベルクの獄中でヒトラーによって執筆された一九二四年よりは六年も前に、のちの首相近衛文麿《このえふみまろ》によって書かれた、「英米本位の平和主義を排す」という標題の論文は、書かれた時期と、書いた人物との両面から、とくに注目される。

近衛文麿は、一八年一一月三日の夜、「英米本位の平和主義を排す」という論文を書きあげた。前年の春、京大法学部を卒業し、内務省地方局の見習いになったばかりで、一八九一年に、ヒトラーより一年半ほどあとに生まれた近衛の満二七歳のときであった。

近衛がこの論文を書きあげた日に、ドイツでは、キール軍港で水兵の反乱がおこり、それがドイツ革命を誘発した。ドイツは、一一月一一日、パリ郊外のコンピエーニュの森で、休戦条約に調印し、第一次世界大戦は終わりをつげた。一〇月なかばに、ヒトラーが毒ガスで負傷して、東ドイツのポンメルンの陸軍病院に入れられ、病床で敗戦の報に接したことはよく知られている。

近衛の論文は、一八年一二月一五日発行の、雑誌『日本及日本人』に掲載された。敗戦国ドイツに同情を示したこの論文のなかで、近衛はつぎのように主張している。

近衛によれば、今度の世界大戦は、「已成《いせい》の強国」と「未成の強国」との争いであり、それはまた、「現状維持を便利とする国」と「現状破壊を便利とする国」との争いである。現状維持を便利とする国は平和を叫び、現状破壊を便利とする国は戦争を唱える。平和主義なるがゆえに必ずしも正義人道にかなっている訳ではないし、また、軍国主義なるがゆえに必ずしも正義人道に反している訳ではない。問題はその現状というもののいかんにかかっている。ヨーロッパの戦前の現状なるものは、英米から見れば最善の状態であったかもしれないが、公平に第三者として正義人道の上からこれを見ればけっして最善の状態と認めることはできない。イギリスやフランスは、その植民史の示すごとく、早くすでに世界の劣等文明地方を独占してはばからなかったがゆえに、ひとりドイツといわず、すべての後進国は獲得すべき土地はなく、膨張発展すべき余地を見出すあたわざる状態にあったのである。かくのごとき状態は実に人類の機会均等の原則にもとり、各国民の平等の生存権をおびやかすものであり、正義人道に背反することはなはだしいものである。ドイツがこの状態を打破しようとしたことはまことに正当な要求というべきである。ただ、ドイツがとった手段が中正穏健を欠き、武力本位の軍国主義であったがゆえに一世の指弾《しだん》を受けたとはいえ、我々はドイツがことここに至らざるをえなかった境遇に対してはとくに日本人として深厚《しんこう》の同情なきをえない、と近衛は主張した。

このように、国際的な正義人道という見地から、英米およびフランスが、地球上の植民地を独占してしまった現状を痛罵《つうば》した近衛は、英米の主導権のもとにやがて結成されるであろう国際連盟に対しても、はじめから好意を示さない。日本が国際連盟に加盟する場合には、経済的帝国主義の排斥と、黄色人種と白色人種との平等を前提として主張しなければならない、と近衛は述べている。

そして近衛は、米英が、一方において、各国の軍備制限を要求しながら、他方で経済的帝国主義をつらぬいた場合には、その他の国々は、これに抗議しようにも、武器を取りあげられてはその反感憤怒の情を晴らす道がなくなるではないか、という。そして、イギリスなどでは、自給自足の政策を唱えて、各植民地の門戸を他国に対して閉鎖しようとの論がさかんである。

もしこれかくのごとき政策の行われんか、我国にとりては申す迄もなく非常なる経済上の打撃なり。領土狭くして原料品に乏しく、又人口も多からずして製造工業品工場として貧弱なる我国は、英国が其植民地を閉鎖するの暁《あかつき》において、いかにして国家の安全なる生存を完了するを得む。すなわちかかる場合には我国もまた自己生存の必要上戦前の独逸のごとくに現状打破の挙に出でざるをえざるに至らしむ。而してかくのごときはひとり我国のみならず、領土狭くして植民地を有せざる後進諸国の等しく陥れらるべき運命なりとすれば、吾人は単に我国の為のみならず、正義人道に基づく世界各国民平等生存権の確立の為にも、経済的帝国主義を排して各国をして其植民地を開放せしめ、製造工業品の市場としても、天然資源の供給地としても、これを各国平等の使用に供し、自国にのみ独占するがごとき事なからしむるを要す。

❖ヒトラーの処方箋

ヒトラーが『わが闘争』のなかに記している、「現状打破」のための処方箋《しょほうせん》は、より功利的であり、現実的であった。ヒトラーは、ドイツ人を養うための土地は、海外の植民地に求めるべきではなく、ドイツの東方に開かれている、スラヴ人の土地のなかに求めるべきである、と主張した。ヒトラーによれば、ドイツが海外に植民地を求めようとすると、植民帝国イギリスとの対立は必至となる。これが、ドイツを第一次世界大戦に追い込んだ。この道は、したがってあやまりである。ドイツは、イギリスとの戦争ではなく、イギリスとの同盟をこそ求めるべきである。ドイツは、イギリスの協力のもとに、ロシアと対決し、スラヴ人の土地を奪わなければならない。ドイツの歩むべき道は、親英反露路線である。

ヒトラーは、『わが闘争』のなかで、以上のように主張した。イギリスとは戦争したくない、というのは、ヒトラーの本心であったと思われる。しかし、「ホスバッハ覚書」が書かれた三七年一一月当時、すでにドイツとイギリスとの関係は著しく悪化していた。ヒトラーは、いやいやながらではあるが、イギリスを、ドイツの同盟国としてではなく、ドイツの仮想敵として扱うほかなかった。けれども、この時点でも、ヒトラーは、イギリスとの戦争だけはできれば回避したいと考えていたにちがいない。それゆえにこそ、日本およびイタリアとの軍事同盟により、イギリスを牽制《けんせい》する、という、リッベントロップの、あとでくわしく述べる進言にも、耳をかたむけたのであろう。

❖英帝国は長く支えられない

ここで、ふたたび「ホスバッハ覚書」にもどりたい。仮想敵としての英仏両国について、ヒトラーはつぎのような考察を加えている。

ドイツの政治は、イギリスとフランスという、二つの、憎悪に燃え立った敵対者を計算に入れなければならない。これら両国にとって、ヨーロッパのまんなかに、強力な、ドイツという巨大が存在することは、目の上のこぶなのである。両国は、ヨーロッパにおいても海外においても、これ以上ドイツが強大化することを拒否しており、この拒否において、国内全党派の賛成を取りつけることができるのである。海外におけるドイツの軍事基地の獲得を、両国は、その海外の連絡網への脅威だと見なしている。また、これを、ドイツの貿易にとっての保障と見なしている。そして、これがヨーロッパにはねかえって、ヨーロッパのなかにおけるドイツの地位の強化になるものと見なしているのである。

イギリスは、諸自治領の抵抗があるがために、その植民地所得のなかから我々に対して譲渡を行うことが一切できない。アビシニア（エチオピア）がイタリアの所有に移行したことによってイギリスの威信失墜が生じたあとでは、東アフリカの（イギリスからドイツへの）返還は期待できない。イギリスのサービスは、せいぜいのところ、我々の植民地に向けた諸要求をば、目下イギリスの所有下にない植民地、例えばアフリカの、我々による奪取を、我々にまかせるということによって表現される程度のものとなろう。フランスのサービスも、おなじ種類のものであろう。

我々に対して植民地を返還するために真剣な討論を行うということは、イギリスが窮地におちいり、ドイツが強力となり、かつ武装をととのえた時点においてのみ、考慮に入れられることとなる。英帝国が不動のものである、という見解に、（ヒトラー）総統は与《くみ》しない。英帝国とローマに対する抵抗は、征服された地方よりも、帝国と競争する者のなかに存する。英帝国の世界帝国とは、持続性の点で比較にならない。後者に対しては、ポエニ戦争以来、重要な権力政治上の対抗者は存在しなかったのである。キリスト教に由来する解体作用と、すべての国家に生ずる老化現象とが、古いローマをして、ゲルマン人の殺到に屈服せしめたのである。

英帝国とならんで、すでに今日多数の、これに優越する国家が存在している。(英帝国の)母国イギリスは、他の諸国と同盟してはじめて、その植民地保有を防衛できるのであり、自分の力ではこれができない。イギリスが例えばカナダをアメリカの攻撃からどうして防衛することができようか。また、イギリスは、その東アジアの諸権益を、日本の攻撃からどうして防衛することができようか!

イギリスの王冠を帝国統一のにない手として前面に押し出すことがすでにもう、この世界帝国が、権力政治の面で持続的に支えることのできぬものであることを告白したことなのである。この方面での重要な示唆はつぎのとおりである。

(a) アイルランドの独立への努力。

(b) インドにおける憲法闘争。インドでは、イギリスは、その中途半端な諸措置によって、インド人に、憲法上のいろいろな約束の不履行を、インド人がイギリスに対する闘争手段として利用する道を開いてしまった。

(c) 東アジアにおけるイギリスの地位が、日本によって弱められたこと。

(d) 地中海におけるイタリアとの対立。イタリアは、必要にようてうながされ、ひとりの天才によって遂行されたその歴史をひき合いに出しながら、その権力の地位をきずいており、このことによって、ますますはげしく、イギリスの権益と対立しなければならなくなる。アビシニア戦争の結果は、イギリスの権益の失墜である。この権威の失墜を、イタリアは、回教世界を煽動《せんどう》することによって一層はなはだしいものにしようとつとめている。

要するに、あらゆる理念上の堅固さにもかかわらず、英帝国は、権力政治の面では、四、五〇〇万のイギリス人をもってしては、長いこと支えておくことはできないということを明言できる。英帝国の母国に対する人口数の九対一という比率は、我々にとって、空間の拡大に際して、自国の人口数の部分をあまり小さくしすぎてはならないという、ひとつの警告である。

❖一九世紀イギリスの「残照」

イギリスはもうだめだ、といいながらも、ヒトラーは、しきりに大英帝国の存在を気にしてこれを口に出している。イギリスとの対決はもはややむをえぬ時の勢いと判断するに至った「ホスバッハ覚書」の段階に至っても、なお大英帝国のイメージはヒトラーの心にのしかかる重圧であった。イギリスとの同盟を夢見ていた『わが闘争』執筆の時点では、ヒトラーはもっぱら大英帝国を賛美してやまなかった。ラジオその他の通信手段を動員して大衆の心理を摑むという点では、ヒトラーの政治はまさに、大衆の時代、マス‐コミュニケーションの時代としての二〇世紀の産物であった。しかし、イギリスについてのヒトラーのイメージ、ヒトラーの抱いたイギリス像は、二〇世紀の産物というよりも、大英帝国の全盛時代としての一九世紀の産物であった。いわばそれはイギリスが世界の七つの海を支配した一九世紀の「残像」であり「残照」であった。

ヒトラーは、『わが闘争』のなかで、イギリスのインド統治の方式に、感嘆の声を発している。『わが闘争』の第一四章「東方調整か東方政策か」のなかに、「イギリスのインド統治は動揺しているか」と題した小節がある。ここで、ヒトラーは、一九二〇年から二一年にかけて、突然、イギリスはインドで崩壊寸前にあるという説が、「当時ヨーロッパをうろつきまわっていたアジア人のだれともわからぬ山師連中」、すなわちインドの「自由の闘士たち」によって唱えられたことを回想している。そして、ヒトラーは、このような見通しは、これを唱えた人々自身の希望の表現に過ぎず、しかも、これらの人々が、インドにおけるイギリスの統治の崩壊から、大英帝国の終焉《しゅうえん》を期待している一方で、インドがイギリスに対して持つ重大な意味を認識していたのであるから、自分で自己矛盾におちいっており、そしてそれを自覚していなかったのだ、といっている。つまり、イギリスにとってインドがいかに重要であるかを知っていれば、イギリスが最後までインドに固執することを理解するはずだ、というのである。こうしてヒトラーは、インドの独立運動にたずさわっている人々、ヒトラーのことばによれば「インドの煽動者連中」は、イギリスのインド統治を崩壊せしめることは絶対にできない、と断定する。

イギリスに対するこのような、やや肥大した、しかも「うしろ向き」のイメージがヒトラーにおいて強烈であるのとは対照的に、アメリカについてのヒトラーのイメージは、はなはだ明確さを欠くものであった。ヒトラーには、アメリカがイギリスにかわって世界に雄飛する日が近い、などという見通しはまったくなかった。ヨーロッパ大陸のまんなかに生まれ、一生そこからはなれたことのないヒトラーは、ついにアメリカを理解することはなかった。

❖武力の道あるのみ

ドイツのヨーロッパにおける進出が、イギリスとの対立を不可避とすることを知ったヒトラーは、イタリアと日本が、イギリスを牽制することを夢見ている。この構想は、のちに日独伊三国同盟へと発展するのであるが、すでに見てきたように、「ホスバッハ覚書」のなかに、この構想の芽ばえが見られる。イタリアはともかく、日本がイギリス牽制に役立つのは、日本の海軍によってであり、陸軍によってではない。ところが、日本の海軍は、もともと、大英帝国の海軍力のカサの下で育ったものであり、日本の海軍の指導層において、大英帝国のイメージは、『わが闘争』を執筆したときのヒトラーとおなじぐらいに強烈であった。日本の海軍から見れば、イギリスの海軍は、七つの海を支配する、世界最強最大の海軍であり、これと日本海軍が対等に戦うなどということは、まったく問題にならなかった。日本海軍がイギリス海軍に対して抱いたこのような畏怖《いふ》の感情こそ、日独伊三国同盟の締結に、日本海軍が抵抗しつづけた主要な動機であった。

「ホスバッハ覚書」に記録されたヒトラーの演説はまだつづいている。ヒトラーはこう述べている。

フランスの地位は、イギリスの地位より有利である。フランス帝国は地理的によりよい条件下にあり、その植民地所有の人口は、軍事面における補強の意味をも有している。しかしフランスは、内政上の諸困難に直面している。諸国民の生活において、議会制的統治形態は、その（歴史上の）時代の一〇パーセントを占め、独裁的統治形態は、その九〇パーセントを占めている（この断定と前後との脈絡《みゃくらく》は不明瞭）。ともあれ、今日我々の政治上の考慮に際して力の要因として評価すべきものは、イギリス・フランス・ロシアと、これに隣接する諸小国である。

ドイツ問題の解決のためには、武力の道があるのみである。この道は、危険をともなわぬものではけっしてない。フリードリヒ大王のシュレジエンをめぐる戦いや、ビスマルクのオーストリアとフランスに対する戦争は、未曾有《みぞう》の危険を冒したものである。そして、一八七〇年におけるプロイセンの行動の迅速《じんそく》さだけが、オーストリアの参戦を防止したのである。以下の説明の冒頭において、危険を冒しての武力の使用への決意がなされるとすれば、「いつ」そして「いかにして」という問いに答えることがまだ残されている。その際には、決断をくだすべき三つの場合がある。

第一の場合　一九四三年から四五年のあいだの時点

この時期を経過したあとでは、我々に不利に作用する変化しかもはや期待できない。

陸軍、海軍、空軍の軍備ならびに将校団の養成はおおむね終了している。資材の装備や兵器は、新式のものとなっている。しかし、これ以上待っているとそれが老朽化する危険がある。ことに「特殊兵器」の秘密保護は必ずしも維持できるとはかぎらない。予備兵力の獲得はその時期における徴兵適齢人員のわく内だけに限定され、より老齢の、訓練を受けていない年齢層からの補充はもはや不可能である。

我々を取りかこむ諸国がこの時期までに達成している軍備との対比では、我々は相対的に弱体化していることになる。我々が一九四三年から四五年までの時期に行動しなかったとすれば、備蓄が欠如しているために、毎年食糧危機に見舞われるようなことになるかもしれない。そして、この食糧危機を解決するために十分な外国為替を我々は持っていないのである。ここに、「体制の弱体化の契機」が見られる。これに加うるに、世界は、我々の攻撃を予期して、年ごとに対抗措置を強化してゆく。我々を取りかこむ諸国によって封鎖が完成したときに、我々は攻撃に出ることを余儀なくされることとなる。

一九四三年から四五年にかけての情勢が、現実にどのようなものになるであろうかは、今は誰にもわからない。確実なのは、我々がそれ以上待つことはできぬということだけである。

一方には、強大な国防軍が存在し、それの維持を確保する必要があり、（ナチの）運動とその指導者との老化があり、他方には、生活水準の低下と産児制限（が必然化する）という展望がある。こうなれば、行動すること以外の選択は許されない。（ヒトラー）総統がまだ存命しているとするならば、おそくも四三年から四五年までのあいだにドイツの空間の問題を解決するというのが、総統の不変の決意である。四三年から四五年までの時期よりも以前に行動に出る必要性は、第二および第三の場合に考慮の対象となる。

第二の場合

フランス内部の社会的な緊張が、内政上の危機にまで高まり、その結果、この危機によってフランス陸軍が戦闘不能の状態におちいり、ドイツに対する武力の使用が不可能となった場合には、チェコスロヴァキアに対して行動をおこすべき時点が到来したといえる。

第三の場合
　フランスが他の一国との戦争にしばりつけられた結果、ドイツに対して「攻撃」が不可能となる場合。

❖ビスマルクのドイツ統一

　ヒトラーがこれまで述べてきたことは、ヒトラーのめざす戦争についてのいわば総論であり、これからヒトラーはいよいよ各論にはいる。各論で具体的に取りあげられているのは、チェコスロヴァキアとオーストリアという、ドイツに隣接する二つの国家に対する戦争にほかならない。チェコスロヴァキアは、周辺のズデーテン地方に多数のドイツ人をかかえ込んでいた。また、オーストリアは、元来ドイツ人の国家である。ズデーテン地方とオーストリアのドイツ人が、ドイツという国家、ドイツ＝ライヒのそとに、ドイツ＝ライヒからしめ出されたかたちで生活するに至ったのは、一八七一年に達成されたビスマルクのドイツ統一に由来する。

　ビスマルクがドイツ統一に成功するまで、ドイツというのは、日本の大名に似た、しかしそれよりも独立性の強い、領邦君主の統治する、領邦国家の、ゆるい結合以上のものではなかった。ドイツをひどく荒廃させ、ドイツの歴史の歩みを数世紀あともどりさせたといわれた三〇年戦争のあとしまつをつけた、一六四八年のウェストファリアの講和会議は、三〇〇あまりの領邦国家が分立している無政府状態をそのまま認め、こうしてドイツの分裂を固定させてしまった。その後、一九世紀初頭にナポレオンの侵攻によって、ナポレオンの力による整理が進められ、一八一四年から一五年にかけて開かれたウィーン会議では、三〇〇あまりの領邦国家は、三五の領邦国家にまとめられ、これらの領邦国家と、リューベックなどの四つの自由市が、ドイツ連邦という、ゆるい結合によって結ばれることになった。

かなり整理されたとはいえ、イギリス・フランスなどが、何世紀も前に国家の統一を完成し、世界に進出して強盛をほこっていた一九世紀に、ドイツだけがこのような分裂状態におかれることは、いかにも不自然であった。そこで、ドイツのなかに、統一国家への要求がもりあがる。しかし、その統一の方式について、領邦国家中の二大強国、プロイセンとオーストリアのいずれを中心とするかについて、はげしい争いがおこった。プロイセンを中心とし、ベルリンを首都として、オーストリアをしめ出したかたちで統一を達成しようとする方式を小ドイツ主義とよび、オーストリアを中心とし、ウィーンを首都として、ドイツ全土をつつみ込むかたちで統一を達成しようとする方式を大ドイツ主義とよぶ。

一八六六年、ビスマルクを首相とするプロイセンが、オーストリアを、七週間で打倒したことにより、大ドイツ主義への道は閉ざされた。ビスマルクは、ドイツ統一に反対するナポレオン三世の率いるフランスを屈服させて、一八七一年一月、パリ郊外、ヴェルサイユ宮殿鏡の間で、プロイセン国王ヴィルヘルム一世の戴冠式を挙行し、ドイツ統一を達成した。プロイセン国王ヴィルヘルム一世は、同時にドイツ皇帝をも兼ねることとなった。ビスマルクのドイツ統一は、小ドイツ主義に基づくもので、オーストリアは、新しいドイツ゠ライヒからしめ出された。

❖オーストリア゠ハンガリー帝国のゆくえ

プロイセンに敗れたオーストリアは、国内体制立て直しのために、一八六七年、オーストリア゠ハンガリー二重帝国として生まれかわった。この帝国は、従来のオーストリア皇帝フランツ゠ヨゼフ一世を共通の君主としていただくほかは、きわめて独立性の強い、オーストリアとハンガリーとの二国からなるものである。のちのチェコスロヴァキアは、二重帝国のうちのオーストリアに含まれていた。

オーストリア゠ハンガリー二重帝国が、ドイツとともに、第一次世界大戦に敗れ、諸民族の寄せ集めであったこの二重帝国が空中分解をとげたため、事態はややこしくなった。この間の事情については、オーストリアとチェコスロヴァキアのそれぞれのドイツへの併合を扱うところで、くわしく述べることにするが、さしあたり、二重帝国のうちのオーストリア側に住んでいたドイツ人が、一部は、新興国チェコスロヴァキアに入れられ、一部は、小さな共和国オーストリアに入れられたほか、ハンガリー・ルーマニアなどに散り散りになった事実だけを指摘しておきたい（82・105頁）。

ビスマルクのつくりあげたドイツ=ライヒの外部にあるドイツ人居住地域をドイツに併合するという点では、ヒトラーは、一種の大ドイツ主義者であった。ただし、ヒトラーの夢見た大ドイツの中心は、もちろんウィーンではなく、ベルリンである。ヒトラーは、オーストリア人であったが、オーストリア=ハンガリー帝国にも、ウィーンにも、まったく愛着を持っていなかった。それどころか、ヒトラーが、この二つを憎み、のろっていたことは、『わが闘争』の叙述から疑う余地がない。

ヒトラーは、大ドイツを夢想したけれども、結果的にはドイツの東西分裂をもたらし、ビスマルクの小ドイツ主義に基づくドイツを、さらに二分させてしまった。ただし、ヒトラーが、一種の大ドイツ主義をふりかざし、オーストリアとズデーテン地方の併合により、一時的にせよこれを実現したことは、従来からドイツ国内に住んでいるドイツ人や、オーストリアやズデーテン地方に住んでいたドイツ人に、ヒトラーへの支持と熱狂とを生み出したことは見のがせない。

❖第一の軍事目標

以上のような歴史的事実の上に立って、ヒトラーの演説のつづきをたどってゆきたい。ヒトラーはつぎのように叫んでいる。

我々の軍事的政治的地位を改善するためには、我々が戦争にまき込まれたとき、それが以上三つのどの場合であっても、チェコスロヴァキアと、そして同時にオーストリアとを打倒することが、我々の第一の目標でなければならない。この目的は、万が一ありうるかもしれない、西方への進撃という事態がおこった場合に、(ドイツが) 側面からの脅威を受けることのないようにすることにある。フランスとの紛争に際して、チェコスロヴァキアがフランスとおなじ日に我々に宣戦を布告するということは、おそらく考えられない。しかしながら、我々が弱体となるのに比例して、参戦意欲が、チェコスロヴァキア国内で増大するであろう。その際、チェコスロヴァキアの (ドイツへの) 攻撃は、シュレジエンと (ドイツの) 北方ないし西方とへの攻撃というかたちをとるであろう。

チェコスロヴァキアが打倒され、ドイツとハンガリーとの共通の国境が確保されたならば、ドイツとフランスとの紛争に際して、ポーランドはむしろ中立的行動をとることが予想される。我々とポーランドとの協定は、ドイツの軍事力が不動のものであるあいだだけ、有効性を保持するであろう。ドイツが敗退した場合には、ポーランドの東プロイセンに対する、おそらくはまたポンメルンとシュレジエンに対する攻撃が予想される。

情勢が、四三年から四五年のあいだに我々の側から計画的な攻撃が行われるに至るという展開をとげたと仮定した場合には、フランス・イギリス・イタリア・ポーランド・ソ連の行動は、さしあたりつぎのようなものになると判断される。

元来（ヒトラー）総統は、イギリスがつぎに述べるような行動に出ることはかなり確実であり、またフランスもおそらくおなじ行動に出るものと考えている。すなわち、総統は、両国が、チェコスロヴァキアをそのときまでにすでにひそかに抹殺《まっさつ》してしまっていて、両国は、この問題がいつの日かドイツによって清算されるのに甘んずるであろうと考える。英帝国のかかえるもろもろの難問と、ながくつづくヨーロッパ戦争にふたたびまき込まれるという見通しとは、イギリスがドイツに対する戦争に介入しない歯止めとして、決定的に作用する。イギリスの態度はフランスに必ず影響を与えるであろう。フランスがイギリスの支援なしに攻撃を開始し、フランスの攻撃が我々の西部要塞で展開されるということは、ほとんどありそうにないことである。イギリスの援助がなければ、フランスがベルギーとオランダとを貫通して進撃するということも考えられない。このような（フランスの）進撃は、フランスが我々との紛争をひきおこした場合にも、我々の側の考慮からはずされなければならない。なぜなら、このことは、いずれの場合にも（フランスに対する）イギリスの敵意を結果としてもたらすからである。当然のことながら、我々のチェコスロヴァキアとオーストリアとに対する攻撃が遂行されている期間は、いずれにせよ、西部の遮断《しゃだん》工作を行うことが必要である。この場合に、以下のことが考慮されなければならない。それは、チェコスロヴァキアの防衛措置が年ごとに強度を増大させており、また、オーストリア陸軍の国内における価値が、ここ数年来確固たるものとなってきているという事実である。両国のうちとくにチェコスロヴァキアの人口は、けっして密度が希薄《きはく》ではないとしても、チェコスロヴァキアとオーストリアとの併合は、五ないし六百万人分の食糧の獲得を意味しうる。そのときに前提となるのは、チェコスロヴァキアからは二百万人の、オーストリアからは百万人の、強制国外移住が遂行されることである。両国のドイツへの併合は、軍事上ならびに政治上、相当な負担軽減を意味する。なぜならば、合併の結果、国境線の短縮と改善とがもたらされ、そして、約一二個師団におよぶ軍隊を新しく編成することが可能になるからである。その際、百万の住民あたり一個師団が割りあてられる。

イタリアの側からは、チェコスロヴァキア除去に対しては、なんらの抗議も予想されない。これとは逆に、オーストリア問題におけるイタリアの態度がどのようなものになるかについては、推定が不可能である。それは、ドゥーチェ（ムッソリーニのこと）がまだ生存しているかどうかに大いに左右される。

我々の行動の奇襲性と迅速《じんそく》性との度合いが、ポーランドの進退に決定的に作用する。勝利をおさめたドイツに対しては、ロシアを背後に持つポーランドは、戦争をしたいとはあまり思わないであろう。

ロシアの軍事的介入に対しては、我々の作戦の迅速さをもって対抗しなければならない。このような事態がそもそも考慮にはいるという可能性は、日本の（反ソ的な）態度にかんがみれば、まずはありえない。

❖日独伊による封じ込め

ヒトラーは、ここで、自分の考えを、あまり整理せずにごたごたと述べたてているけれども、ヒトラーがいわんとしているのは、ドイツが電撃戦によってオーストリアとチェコスロヴァキアとをすばやくたたきつけてしまえば、イギリスも、フランスも、またソ連も武力による干渉をひかえて、指をくわえてこれを傍観するにとどまるであろう、という見通しである。この見通しは、オーストリア合併については完全にあたった。チェコスロヴァキアについても、ズデーテン地方のみの合併については、ヒトラーの欲した電撃戦ではなく、ミュンヘン会談における英仏の全面的譲歩によってではあるが、合併に成功している。ただし、ミュンヘン会談の半年あとに強行された、残されたチェコスロヴァキアの解体は、英仏に対ドイツ戦の覚悟を固めさせ、「ホスバッハ覚書」のなかでは考えられていないポーランド侵攻が、ついに英仏の武力干渉をひきおこした。したがって、チェコスロヴァキア問題については、ヒトラーが、「ホスバッハ覚書」で述べた見通しは、半分しかあたらなかったことになる。

オーストリアとチェコスロヴァキアとの武力による合併を計画するにあたって、ヒトラーが、先に述べた日伊両国による反ドイツ陣営の封じ込めに、あらためて言及していることは興味深い。日伊両国との共同歩調による封じ込めという、ヒトラーの考えは、まだ漠然としたものであり、とくに日本についてのヒトラーの期待は、はっきりとしたかたちをとってはいなかった。この構想を、ヒトラーが「ホスバッハ覚書」で述べたヒントをもとにして、具体的な構想に仕上げたものこそ、つぎに取りあげる「リッベントロップ覚書」である。「ホスバッハ覚書」での日本の役割は、さきにはイギリスを牽制するものとなっており、ここではソ連を牽制するものとなっている。日本によるソ連封じ込めというのは、三六年一一月に、日独防共協定が結ばれた段階で、ドイツ側が日本に対して期待した役割であった。リッベントロップは、このように対ソ牽制に日本を使うという考えを早い段階で捨てて、日本の役割を、対英牽制一本にしぼった。すでに、防共協定成立のころ、一〇月に駐英大使としてロンドンに赴任したばかりのリッベントロップは、ドイツの正面の敵はソ連ではなくイギリスであるという考えに移行していたように思われる。

❖第二、第三の場合

「ホスバッハ覚書」に記録されたヒトラーの演説は、終わりに近づいていた。ヒトラーはいう。

第二の場合、すなわち内乱によるフランスの麻痺という事態が生ずるならば、この場合には、もっとも危険な敵が脱落したのであるから、この情勢が生じた場合にはいつでも、これをチェコスロヴァキアに対する攻撃に利用しなければならない。

総統は、第三の場合が、ますます確実に接近しつつあると見ている。この第三の局面は、目下の地中海における緊張から生じうるのであり、総統は、この局面が発生すれば、いかなる時点においても、すでに三八年においてすら、この局面を利用する決意である。

スペインにおける軍事的な出来事の経過について、これまで体験したところによれば、総統は、これらの出来事の早期終結が目前にせまっているとは考えない。フランコの行ったこれまでの諸攻勢がどんなに時間を浪費したものであったかを顧慮すれば、まだあと三年にわたる戦争の継続は可能性の範囲内にあるであろう。他方、ドイツの立場からすれば、フランコが一〇〇パーセント勝利をおさめることもまた、望ましいことではない。我々はむしろ、戦争の継続と、地中海における緊張の持続とに関心を寄せている。フランコがスペイン半島全体を支配した暁には、フランコは、これ以上イタリアが介入する可能性を排除し、そして、イタリアがバレアル諸島に居すわることを許さなくなる。我々の関心が、スペインで戦争が継続することに向けられている故に、イタリアがバレアル諸島にさらに居すわりをつづけられるように、イタリアの背後を強化することが、さしあたっての我々の政策の課題とならなければならない。イタリア人がバレアル諸島にがんばることは、フランスにとってもイギリスにとっても我慢のできない事態であり、これがフランスとイギリスとのイタリアに対する戦争をもたらすかもしれない。その際スペインは、完全に自軍（フランコ派）の手中に掌握されているとすれば、イタリアの敵の陣営に加わるかもしれない。このような戦争がおこった場合に、イタリアが敗北することはほとんど考えられない。イタリアに原料を補給するためには、ドイツを通る道が開かれている。イタリアの側における戦争の遂行は、つぎのようなものとなると総統は想像している。すなわち、イタリアは、フランスに対する西部戦線では防御的姿勢にとどまり、フランスに対する戦争を、北アフリカのフランス植民地を敵として行うと思われる。

フランスとイギリスの部隊がイタリア沿岸に上陸するとは考えられず、また、アルプスを越えて北イタリアをめざすフランスの攻勢は非常に困難なものとなるであろうし、おそらく強力なイタリアの要塞にはりついたかたちとなるであろう。したがって、行動の重点はアフリカに置かれる。イタリア海軍によってフランスの補給路が脅《おびや》かされるために、北アフリカからフランスへの戦力の輸送はかなりの程度麻痺するであろう。その結果、フランスは、イタリアとドイツに面する国境に、本国の戦力しか配置できないことになる。

ドイツがこの戦争をチェコスロヴァキアとオーストリアの問題を解決するのに利用すると仮定した場合に、イタリアとの戦争にまき込まれているイギリスが、ドイツに対する戦争を決意することは、おそらくないと考えられる。イギリスの支援がなければ、フランスがドイツに対して戦争行為をおこすとは予想されない。

チェコスロヴァキアとオーストリアに対して攻撃をいつかけるかというその時点は、伊英仏戦争の経過いかんで決定しなければならない。そして、この攻撃の時点は、万が一にもこれら三国の戦争行為の開始と同時になることはない。総統は、イタリアとの軍事協定も考えてはいない。総統は、独立に、そしてこの、たった一度だけ提供される有利な機会を利用して、チェコスロヴァキアに対する出兵を行うことを欲している。その際、チェコスロヴァキアへの攻撃は、「電撃的に迅速に」行われなければならない。

フリッチュ

ブロンベルク

❖三人の反論

　ヒトラーの長広舌を聞かされていた、ブロンベルク国防相、フリッチュ陸軍司令長官、ノイラート外相の三人は、ヒトラーがおそくも四五年までにオーストリアとチェコスロヴァキアに対する戦争を計画していることを知っておどろいた。ノイラートは、数回にわたり、心臓発作をおこしたと伝えられている。三人は、勇気をふるってヒトラーの計画に反論を唱えた。だまっていたのは、レーダー海軍長官と、ゲーリング空軍長官の二人だけであった。フリッチュは、一一月五日の会合で反論を唱えたばかりでなく、九日に、あらためてヒトラーに会見を要求し、反論をくりかえした。ヒトラーはかんかんに怒り、さらに会見を申し込もうとしたノイラートには会わずに、ぷいとベルリンを去り、ベルヒテスガーデンの山荘に帰ってしまい、一一月なかばまでベルリンには戻らなかった。

独裁者ヒトラーに反論を唱えることの結果がなんであるかを、この三人はそれぞれ、三八年の一月末から二月はじめにかけて骨身にしみて体験させられる。三人は、それぞれことなったやり方で、ヒトラーからつめ腹を切らされた。とくに、ヒトラーがブロンベルクとフリッチュを葬ったやり方は、奸知《かんち》にたけた陰謀によるものであり、ヒトラーの頭脳の、気味の悪い冴《さ》えを示している。これについてはあとでくわしく述べたい。

「ホスバッハ覚書」は、一一月五日の夜、この三人が唱えた反論を、つぎのように記録している。


フォン゠ブロンベルク元帥とフォン゠フリッチュ大将とは、情勢判断について、つぎの配慮が必要であることを、くりかえして指摘した。それは、イギリスとフランスとが、我々の敵として出現してはならぬということである。そして両者は、イタリアに対する戦争がおこっても、フランス軍がこれによって、西部国境において我々に優越するかたちで立ち現れることができないほど、拘束されてしまうことはない、という事実をはっきりさせた。おそらくはイタリアに対峙するアルプスの国境で攻勢にはいるであろうフランスの戦力を、フォン゠フリッチュ大将は、約二〇個師団と評価した。その結果、依然として、西部国境におけるフランスの戦力の優越性は不変である。そのフランスの武力は、ドイツ側の考えるところでは、ラインラントへの進軍を任務とするものと想定される。その際、フランスの、動員という側面における（ドイツに対する）優位を計算に入れなければならない。そして、我々の要塞の現状がまったく価値のないものであること——このことをフォン＝ブロンベルク元帥はとくに指摘したのであるが——はべつにしても、西部に予定されている機械化された四個師団は多かれ少なかれ行動能力を持っていないことが顧慮されなければならない、と。南東方面への我々の攻勢に関しては、フォン＝ブロンベルク元帥は、チェコの要塞が強固なものであることに、とくに強く注意をうながした。チェコの要塞の構成は、フォン＝ブロンベルク元帥によれば、マジノ線とおなじ性格を備えており、我々の攻撃を極度に困難にするものである。

フォン＝フリッチュ大将は、つぎの事実に言及した。すなわち、チェコスロヴァキアに対する作戦の実行可能性を、チェコの要塞体制の打破ということをとくに顧慮して研究することが、まさに、自分によってこの冬に行われることが予定されている研究の目的なのである、と。大将はさらに、現在の情況のもとでは、自分は、一一月一〇日に始まる外国での休暇旅行を実現することを断念しなければならぬ、という見解を示した。この考えを、総統は、つぎのような理由によって却下した。それは、紛争の可能性がそれほど切迫しているとは考えられないから、というものであった。伊英仏の紛争が、総統が推定していると思われるほど接近してはいない、という外相の反論に対して、総統は、これについて可能と思われる時点として、三八年の夏を主張した。フォン＝ブロンベルク元帥とフォン＝フリッチュ大将の側から、イギリスとフランスとの態度に関して提示されたさまざまの考慮に対して、総統は、彼のこれまでの説明をくりかえして、つぎの見解を表明した。すなわち、彼はイギリスが介入しないことを確信しており、それゆえにフランスがドイツに対して戦争行為をするとは思わない、と。また、演説のなかで述べられた地中海の紛争が、ヨーロッパでの総動員をもたらすとすれば、我々の側では、ただちにチェコスロヴァキアに対して行動をおこすべきである。この紛争について、戦争に参加しない諸国が関心を持たぬ旨を表明した場合には、ドイツはこの措置にさしあたり参加しておかなければならない、と。

ゲーリング大将は、総統の説明にかんがみて、我々のスペインにおける軍事計画を撤廃することが必要である、と判断した。総統は、この判断に、この決定を適当な一時点まで留保すべきだと考えるという条件つきで賛成した。

会談の第二部は物質面の軍備問題をとりあげた。

フリッチュが休暇旅行を返上するなどといいだしたのは、ヒトラーが、ここで計画図を提示した戦争にいつ着手するつもりか、その答えを求める、ヒトラーへの挑戦であった。フリッチュを罷免しなければならぬというヒトラーの決意は、この挑戦を受けた瞬間に固められたものと見られている。予定どおりエジプトに旅行したフリッチュは、三八年一月二日ベルリンに戻ったが、自分の周辺にただならぬ動きがあることを察知した。

国防軍掌握まで

❖リッベントロップ覚書

「ホスバッハ覚書」とならんで、ヒトラーの戦争計画を知る手がかりを形成するのは、ナチ党員で、ヒトラーの側近としてヒトラーから外交の方面をゆだねられていたヨアヒム＝フォン＝リッベントロップが、まだ駐英大使の任にあった一九三六年暮れにロンドンで作成し、三七年一月二日の日付でヒトラーに提出した「総統のためのメモ」である。ここではこれを、「リッベントロップ覚書」とよぶことにする。

日独伊三国同盟の成立史を研究して分厚い博士論文（邦訳『ナチス・ドイツと軍国日本』）を完成させたテオ＝ゾンマーは、「リッベントロップ覚書」の意義を重視し、これを「ホスバッハ覚書」と対比させながら読むことが、この時期のナチの外交を理解するために不可欠である、と断定している。ゾンマーによれば、ある主題についてのヒトラーの見解がまだ確立していない早い時期に、ヒトラーの意のあるところをさぐり出して、これにみがきをかけたかたちで、自分の苦心の作としてヒトラーに提示して見せるという点で、リッベントロップは、他人の真似できぬ才能を持ち合わせていた。そこで、ヒトラーが、「ホスバッハ覚書」のなかで漠然としたかたちで述べている、日本の軍事力によってイギリスを牽制するという考え方をすばやく読みとったリッベントロップは、ここから、日独伊三国の軍事同盟によってイギリスを封じ込め、ドイツが東方に進出する際、イギリスが干渉しないようにして、ドイツ東方での紛争を、全面戦争に拡大させずに局地的にかたずけてしまうという思想を展開してみせた。「リッベントロップ覚書」はつぎのように述べている。

❖英仏はいつの日に戦うか

リッベントロップによれば、イギリスのなかでドイツに好意を寄せている親独派の政治家たちが独英の協調にかけている時期は、今後次第に消滅してゆくであろう。なぜならば、彼らは、ドイツが中央ヨーロッパにおける「現状」(スタトゥスークォー)にしばりつけられるのを欲しないこと、そして、ヨーロッパにおける、戦争をともなう対決がおそかれ早かれおこりうるものであること、以上二つのことを認識するに至ったからである。かくて、ひとつの運命的な問いが提起されるに至った。それは、英独両国はいつの日にかふたたび、相手を敵として戦うのであろうか、という問いである。この問いに答えるためには、つぎのことをよく考えてみなければならない。

ヨーロッパの東部において、ドイツに有利な方向で「現状」を変更することは、力ずくでなければ実現できない。イギリスは、フランスに、ドイツからフランスが攻撃された場合について保障を与えてしまっている。それゆえ、フランスが、この保障をひき受けたイギリスの援助を確信しているかぎり、ドイツの攻撃にさらされた東方の、フランスと同盟を結んでいる諸国、すなわちチェコスロヴァキアやポーランドなどのために、ドイツに対して武力を行使するという事態が生ずることは、十分考えられる。この場合には、ただちに独英戦争が勃発してしまう。したがって、フランスは、独仏の紛争を通じて英独戦争を強要するかぎをにぎっていることになる、とリッベントロップはいう。

逆に、独仏紛争が独英戦争に発展することが避けられるのは、リッベントロップによれば、フランスが、イギリスの力は英仏側の勝利を確保するのに十分なほど強力ではないことを、はじめから認識している場合である。この場合には、強力な英仏陣営が確立していれば英仏側が絶対に甘受しないであろう事態を、ドイツが英仏に認めさせることができるかもしれない。このような状況は、例えばつぎのような場合に生ずるであろう、とリッベントロップは述べている。それは、イギリスの軍備が十分でないために、あるいは、例えば独伊日三国のような優勢な強国が団結して大英帝国に脅威を与え、その軍事力を、ヨーロッパ以外のほかの場所に釘づけにしてしまった結果、イギリスがヨーロッパにおいて、フランスへの十分な支持を保障できなくなったような場合である。

独伊日三国のあいだで、強力な団結を達成できるならば、ドイツがヨーロッパ東部で、フランスと同盟を結んでいるチェコスロヴァキアやポーランドなどの国々とのあいだに紛争をおこした場合、イギリスが、ドイツとの戦争にまき込まれるのをおそれて、フランスが介入しないようおさえ込んでしまうという事態が生ずるかもしれない。このような事態が生ずれば、紛争は局地化され、イギリスは、フランスの干渉政策にひきずられて、イギリスにとって、軍備が十分できていないという不利な条件のもとで、おそらくは東アジアと地中海とヨーロッパという三つの局面で、大英帝国の存立を守るために戦わなければならないという羽目におちいらないですむこととなろう、とリッベントロップは主張する。リッベントロップによれば、局地的な、中央ヨーロッパだけの問題のためならば、イギリスは、その大帝国の存立をかけた戦いをあえてするというようなことはやらないものと思われる。このような中央ヨーロッパでの出来事によって、ドイツの勢力がかなり強化されることとなろうとも、やはりイギリスは戦わないであろう。フランスは、イギリスの支持なしに、単独でドイツの西部要塞に攻め込む勇気を持っていない。しかし、このような中央ヨーロッパでの紛争では、ドイツは、俊敏に行動し、電撃的な勝利をおさめてしまわなければならない。紛争がながびくと、イギリスやフランスは、ドイツの力を過大評価していたのではなかろうか、と考え始める。そうなると、両国からの干渉の危険性は、それだけ増大することになる。

❖快い進言

このように、リッベントロップは、「ホスバッハ覚書」に記録されている、ヒトラーの東方進出計画を、ヒトラーが望んだとおり英仏から武力で干渉されることなしに達成するためには、日独伊三国の軍事同盟の結成が、イギリスを封じ込めるという意味できわめて有効である、とヒトラーに進言したのである。

「忠言耳にさからう」というが、一九三七年一一月五日の会談で、ブロンベルク・フリッチュ・ノイラートの三人が、ヒトラーの楽観的な見通しに反論し、英仏の武力干渉の可能性の度合いが高いと進言したのとは逆に、リッベントロップは、ヒトラーの楽観論を一層あおりたてる進言をしている。独裁者は、自分の耳に快い提案しか採用したがらないのであり、リッベントロップは、このあたりの独裁者の心理をよく心得ていた、といえる。

同時にリッベントロップは、この覚書のなかで、ヒトラーが『わが闘争』で主張したような英独の協調は、イギリスがドイツに対してますます敵対的な態度を強めていた当時の情況のもとでは、実現がほとんど不可能である、と断定した。そして、リッベントロップは、イギリスに対してドイツが取るべき措置としては、日独伊三国の軍事力による封じ込めしかありえないことを、ヒトラーに納得させようと躍起になっている。

独裁者ヒトラーに反論したノイラートは、三八年二月四日、ヒトラーによって罷免される。同日、ヒトラーの意に沿う進言をして一月あまりで、リッベントロップは、ヒトラーによって、ノイラートにかわる外相に任命されることになった。

❖やっかいな一大勢力

ところで、この二月四日という日は、実は、外相交替劇よりももっと大きな意味を持つ政変の日でもあった。そして、その政変は、この日よりしばらく前から、ひそかな陰謀によって準備されていたのである。

ヒトラーにとって、ドイツ国防軍、そのなかでも陸軍は、もっとも掌握の困難な、やっかいな一大勢力であった。国防軍を自己の支配下におさめてしまうために、これまでも、ヒトラーは、国防軍に大規模な再軍備を約束するという餌《えさ》でこれをあやつったり、国防軍の意向を尊重するポーズをとって、ナチ党の側の、国防軍と競合する組織である突撃隊を弾圧し、三四年六月三〇日、隊長エルンスト＝レーム以下の突撃隊幹部を皆殺しにしたり、種々の方策をほどこしてきた。レーム殺害の理由はこれだけではないが、国防軍に対するヒトラーの思惑も、ひとつの有力な動機であったと見られる。それでもなお、「ホスバッハ覚書」の討論記録に見られるように、国防軍のなかの陸軍の幹部は、ヒトラーに完全には心服していなかった。そして、ブロンベルク国防相やフリッチュ陸軍司令長官の発言に示されたごとく、ヒトラーの戦争計画に対し、きわめて消極的、批判的な態度に終始していた。事実、ドイツ陸軍の大立物であるルートヴィッヒ＝ベック参謀総長が、はじめヒトラーの政権掌握を歓迎しながら、ヒトラーに対する抵抗運動の側に転身した決定的なきっかけは、「ホスバッハ覚書」に記録されたヒトラーの戦争計画を、フリッチュから報告されたことにある、といわれている。

ところが、ヒトラーは幸運な偶然によって、三八年初頭、ヒトラーに心服していないこれらの陸軍最高首脳たちを追放してしまう絶好の機会を摑むことになる。

❖ブロンベルクの失脚

これまでヒトラーに比較的従順であったブロンベルクは、三六年四月、ヒトラーによって元帥に昇進させてもらっていたが、六年前に夫人と死別して以来、やもめ暮らしをつづけていた。彼が再婚の相手として選んだのは、国防省のタイピストで、素性《すじょう》の怪しい、エルナ＝グルーンという女性であった。ブロンベルクは、ドイツ将校の伝統からするとこのような結婚は型やぶりのものであることを知っており、自分でもその点に自信が持てなかったので、空軍の長官でナチ党首領のひとりでもあるゲーリングに相談した。自分も、最初の夫人カーリンと死別したあと、離婚歴のある女優と結婚していたゲーリングは、この結婚に賛成したばかりでなく、ブロンベルクの恋がたきの処理までひき受け、この男を南アメリカに追いはらってしまった。同時にゲーリングは、ヒトラーの賛意をも取りつけてくれた。こうして、ブロンベルク元帥とエルナとは、三八年一月一二日、ヒトラーとゲーリングとの立ち合いのもとに、ベルリンで結婚式をあげた。ところが、新郎新婦がイタリアへ新婚旅行に出発するかしないかのうちから、ざわめきがおこりだす。ウィリアム＝シャイラーの『第三帝国の興亡』によれば、匿名の電話が「くすくす笑いの女たち」から「しかつめらしい将軍連」のところにかかりはじめ、「陸軍が、彼女たちの仲間のひとりを受け入れてくれたことにお祝いをのべた」（井上勇訳、第二巻、一二五頁、東京創元社）。

ベルリンの警察本部で、ひとりの警部が、うわさを確かめようとして調べてみると、はたして「エルナ＝グルーン」の警察記録が発見された。エルナは、いまや元帥夫人、国防相夫人であるが、売春婦としての彼女の過去は、うわさのとおりのものであった。この書類を見せられたベルリン警視総監のヴォルフ＝ハインリッヒ＝ヘルドルフ伯爵は、ドイツ警察長官である上官のハインリッヒ＝ヒムラーに渡せば、ヒムラーがこれを陸軍をゆする種にするのは目に見えていると考え、義務違反をおそれずに、この書類をあえて、ブロンベルクの女婿で、ブロンベルクの娘との結婚によって出世のいとぐちを掴んだ、陸軍のヴィルヘルム゠カイテル将軍に渡して、善処を求めた。ところが、ナチ党員で、性格の弱いカイテルは、この書類を、陸軍司令長官でなく、ゲーリングに渡してしまった。

国防相の椅子をねらっていたゲーリングは、この書類を見てよろこんだ。彼はただちにヒトラーのもとへ出かけて、ブロンベルクが、その結婚に立ち合ったヒトラーとゲーリングとの二人を物笑いの種にしてしまったと訴えた。参謀総長ベックもこの事件に激怒し、フリッチュにつめ寄って、ブロンベルクの罷免をヒトラーに進言せよ、とせまった。フリッチュは、ゲーリングよりひとあしおくれてヒトラーのもとにおもむいた。ゲーリングとフリッチュの要求の前に、ヒトラーは、自分が元帥に昇進させたばかりのブロンベルクを罷免する決意を固めたのである。シャイラーは、おなじ時代の元イギリス国王ウィンザー公（エドワード八世）が、シンプソン夫人に対してそうであったように、ブロンベルクは、自分の没落をもたらした夫人エルナに、四六年、戦争犯罪人としてニュルンベルク刑務所に抑留中病死するまで、忠実でありつづけた、と記している（シャイラー、前掲訳書、一二八頁）。ただし、フリッチュのこのときの態度については異論もある。

ブロンベルクは失脚したが、この事件の真相は、よくはわからない。ゲーリングがはじめからこの事件をわざと仕組んだのか、あるいはさらに、ヒトラーもこれに加担していたのか、その辺はいまだに明らかになっていない。そもそも、ブロンベルクは、一般にはヒトラーに対してあまりにも従順であり、「ゴムのライオン」というあだ名をつけられる程で、ベックやフリッチュらの反感を買っていた。しかし、この事件で、ブロンベルクとこれらの将軍たちとのあいだに、国防軍首脳部内で対立があることが露呈されたことは、ナチ党に対する国防軍、なかでも陸軍の立場を結果的に不利にした。国防軍の他の二本の柱である海軍と空軍は、陸軍のようにヒトラーに対するある程度の独立性を保とうとする傾向と勇気とをそもそも持っていなかった。ナチ党の幹部たちは、陸軍のこの弱みにただちに食いついたのである。

❖フリッチュ危機

つぎにねらわれたのは、フリッチュである。フリッチュは、ブロンベルクのような「ゴムのライオン」ではなく、ヒトラーにとってはるかに手ごわい批判者となる可能性をひそめた硬骨漢であったが、ヒムラー警察長官の仕組んだ陰謀により、ブロンベルクにつづいて失脚させられた。この際くわだてられた国防軍のヒトラーに対する反乱は不発に終わった。これが、「フリッチュ危機」といわれる事件で、これは、ヒトラーと国防軍との関係を、ヒトラーに有利に大きく変化させた。

ブロンベルクのあとがまをゲーリングがねらっていたことは、先に述べたとおりであり、一月二七日、ブロンベルクは、ヒトラーとの最後の会見で、自分を失脚させるためにゲーリングがどれほど暗躍したかに気づかずに、後継者としてゲーリングを推薦している。そこには、自分の結婚に反対したフリッチュらの陸軍将校団の態度に、ブロンベルクが憤激していたという事情もあったと、イギリスの歴史学者ウィーラー＝ベネットは推測している（『国防軍とヒトラー』、山口定訳、第一巻、三三九頁、みすず書房）。このようにして、陸軍の首脳たちは、みずから墓穴を掘ったのである。しかし、ヒトラーは、「わがまますぎて、忍耐と勤勉の双方が欠けている」（シャイラー、前掲訳書、一二八頁）ゲーリングをブロンベルクの後任にする気はなかった。

ゲーリングでなければ、ゲーリングと協力してブロンベルクを失脚させたフリッチュが後任の国防相ということになるが、これには第一に、ゲーリングが反対であった。ヒトラーも、一一月五日に、「ホスバッハ覚書」に記録されているような反抗的態度を示したフリッチュを、ブロンベルクの後任に据える気持ちはなかった。しかも、フリッチュはつねづね、ナチ党、とくにヒトラーの親衛隊SSに対する反感をかくさずに表明していた人物であった。そこで、SSの指導者であり、かつ警察の長官でもあったヒムラーは、この機会にフリッチュを社会的にほうむり去ろうと考え、策略をめぐらした。

シャイラーは、『第三帝国の興亡』のなかで、つぎのように述べている。

　それが今、ヒムラーに機会が到来した。というよりもむしろ、彼が虚構のでっち上げをして、その機会をつくり出した。それはいかにも言語道断で、ギャングが充満していたSSと国家社会主義（ナチ）党の社会においてさえ——少なくとも一九三八年には——そんなことがおこりえたと信じることは困難であり、また、なんといっても、まだ伝統を保っていた陸軍が、よくもがまんしたと思われるほどのものだった。ブロンベルクのスキャンダルにきびすを接して、第二の、さらに爆発力の強い爆弾が破裂し、それは将校団を根底から粉砕し、その運命を決めた。

　一月二五日、ゲーリングがブロンベルクの花嫁の警察記録をヒトラーに見せた日、彼は同時に、それよりもさらに、とんでもない文書を総統の前にひろげた。それはこの時とばかりに、ヒトラーとその主要な配下でSSの保安隊SDの隊長ハイドリッヒによって提供されたもので、フォン＝フリッチュ将軍がドイツ刑法第一七五条に規定していた同性愛の罪を犯し、三五年以来、恐喝《きょうかつ》されてその問題をもみ消すために金を払っていることを証明する趣旨のものだった。そのゲシュタポ（ヒトラーの秘密警察）の書類はいかにも確実なもののように思われ、ヒトラーも告発を信用する気持ちになり、ブロンベルクも、おそらくは、陸軍が彼の結婚に対して取ったきびしい態度によって、フリッチュに反感を持ったのだろう、ヒトラーを諫止《かんし》することはなにもしなかった。フリッチュは《女相手の男》ではないと、ブロンベルクは打ち明け、将軍は一生独身で過ごしたので、「誘惑に負けた」ということも充分ありうることだとつけ加えた。

総統の副官ホスバッハ大佐は、ゲシュタポの記録が示されたときその席上に居合わせたが、びっくりしてしまい、ヒトラーからフリッチュには何もいってはならないと命令されたにもかかわらず、ただちに陸軍司令長官の住居に行って告発の話をし、将軍がまき込まれているとんでもない厄介ごとについて警告した。寡黙《かもく》のプロイセンの貴族はあっけにとられた。「鼻もちならぬうそのかたまりだ」とぽつりといった。そして、落ち着きを取りもどすと、その非難はまったく根拠がないと、名誉にかけて、その同僚の将校（ホスバッハ）に保証した。翌朝早々、ホスバッハは、結果がどういうことになるかもおそれないで、ヒトラーにフリッチュとの会見の話をし、総統が将軍の言い分を聞き、その罪を否認する機会を与えられることを説いた（前掲訳書、二二九〜三〇頁）。

ヒトラーは、ホスバッハにとって意外だったことに、この提案に同意した。しかし、それは、ヒトラーに成算があってのことであった。その日の夕刻、フリッチュは総統官邸によびつけられ、フリッチュの非行を知っているといいたてる証人と対面させられた。これは、フリッチュにとってひどい屈辱であった。フリッチュはヒトラーから、その場で、無期限の休暇をとることを命令される。フリッチュは参謀総長のベックと話し合い、ベックは、ヒトラーに対する軍部の暴動をおこすことを、主張した。しかし、フリッチュには、暴動をおこす決断はつかなかった。

❖ヒトラー、国防軍総司令官となる

ヒトラーは、一月三一日に、フリッチュの事件を軍法会議の審査にゆだねることに賛成し、軍法会議はまもなく、事件がすべてヒムラーやハイドリッヒのでっちあげであったことを明らかにした。しかしヒトラーは、それよりもはるか以前の二月四日に、国防軍全体の独立的な地位を奪い去る強力な措置を実行に移した。イギリスの現代史家アラン＝バロックは、ヒトラーの措置について、その著書『アドルフ・ヒトラー』のなかでつぎのように述べている。

この問題に対する彼の解決策は、第三帝国治下においては、最後の、二月四日月曜日の閣議に提出された。ヒトラーはブロンベルクの辞職を公表したのち、かねてからフリッチュも、健康が思わしくないので陸軍総司令官（司令長官）の地位を辞任させてもらいたいと申し出ている、とつけ加えた。ブロンベルクの後任はフリッチュでもゲーリングでもなく、ヒトラー自身であった。ヒトラーはヒンデンブルクが死んで以来、ドイツの元首たる地位とともに、国防軍最高司令官という役を兼任してきていた。今彼はその上に、ブロンベルクの国防軍総司令官なる地位に就き、ブロンベルクが兼任していた国防相という古い地位を廃止してしまった。自主性のある男の手に渡った場合、自分に反対の軍部の意見を代表するのに利用されるおそれのある地位には、いっさい後任など置きたくなかったのである（大西尹明訳、第二巻、四一頁、みすず書房）。

ヒトラーは、ここに述べられているように、従来も、国防軍最高司令官（オーベルスターーベフェールスハーバーーデアーヴェーアマハト）であったのに加えて、あらたに、国防軍総司令官（オーバーベフェールスハーバーーデアーヴェーアマハト）に就任した。ドイツ語の文法では、「上級の」という意味の「オーバー」よりも、「最上級の」という意味の「オーベルスター」のほうがより強力であるはずなのに、ヒトラーは逆に考えたらしい。こうして、一九三八年二月四日、国防軍総司令官に就任したヒトラーは、同時に、国防省を廃止して、その代わりに、「国防軍最高司令部」（オーバーコマンドーデアーヴェーアマハト、略してOKW）を設置し、カイテルを長官とした。そして、この下に、「国防軍司令部」（ヴェーアマハトフュールングスアムト）なる部局をつくり、その幕僚長に、アルフレート＝ヨードルを据えた。両人とも絶対にヒトラーに抵抗するはずのないことがわかっていた人物である。フリッチュの後任には、従順なヴァルター＝フォン＝ブラウヒッチュを任命した。

「フリッチュ危機」は、国防軍のヒトラーに対する抵抗力を奪い去り、ヒトラーの国防軍への支配、とくに陸軍への支配を確立したものとして、歴史学者により、「ナチ時代の歴史の転換点」と見なされている事件である。ヒトラー独裁下のドイツ軍部を研究した寺坂精二氏は、その遺著となった『ナチス・ドイツ軍事史研究』（甲陽書房）のなかで、この事件をつぎのように性格づけている。

かくしてフリッチュ事件における陸軍側の敗北の最大の要因は、彼らの事態についての無知〈ナチ治下における正邪の判断の困難をも含めて〉と内部的分裂に帰するのである。しかし、陸軍側の悪条件の反面ナチ側の不安も決して少なくはなく〈彼らは信頼するに足る充分な兵力を持っていない〉、したがって将校団に対する試金石的ともいうべきこの事件はヒトラーに陸軍くみし易しの感を与え、伍長にすぎなかったヒトラーの将軍連に対する劣等感の克服ともなって、陸軍は転落の道を早めざるをえないのである。中心となった参謀将校らが彼らのみの狭い殻の中にあって、部隊や国民との繋りを持つことの少なかったことは、その伝統的性格に由来し、さらにナチによって孤立させられて〈通信、情報機関からの切断〉さらに不利を来したのであった（同書、一三一～一二頁）。

❖奇妙なシビリアン・コントロール

近代の歴史において、軍部に対する「文民（シビリアン）」の政治家による統制、いわゆる

「シビリアン-コントロール」の確立の度合いは、その国の民主主義の成長発展の度合いをはかるバロメーターと考えられている。しかしながら、ヒトラーの場合は、このことについてあらたな問題を投げかけるものである。

ヒトラーは、第一次世界大戦中、志願してドイツの兵籍にはいったとはいえ、「ゲフライター」(上等兵というのがもっとも正確と思われる、伍長は「コルポラル」)という、新参の二等兵より一段階だけ上というところにとどまっている。したがって、ヒトラーを職業的な軍人や、ましてやドイツ将校団の一員と見なすことはできない。ヒトラーが、「フリッチュ危機」を通じて確立した軍部への支配は、軍人ではない人間による支配という意味では、やはり一種の文民統制、「シビリアン-コントロール」といえないことはない。しかし、ヒトラーが、軍服を着た職業軍人の出身でなかったからといって、その軍部支配が、平和を目的としたというものではなかった。ヒトラーが、「国防軍最高司令官」と「国防軍総司令官」に就任したことを、ヒトラーが、軍籍の最高の地位を身にまとったのだとは考えず、文民のままで国防軍を統御する地位に就いたのだという意味に考えて、ヒトラーの軍部支配を「シビリアン-コントロール」の概念に含めることも、形式論として成り立たぬことはないであろう。しかし、これは、統御するシビリアンが、統御を受ける軍部よりも、はるかに好戦的であるという、奇妙きわまる「シビリアン-コントロール」であった。ヒトラーと軍部との思考様式の相違、好戦的なヒトラーと慎重な軍人という対比は、さきに全文を詳細に検討した「ホスバッハ覚書」からもよくうかがわれるところである。

強力な兵器と火力を持つ軍部は、近代国家の内部における、もっとも強力かつ危険な組織であり、それゆえにこそ文民統制の必要が叫ばれてきた。このように危険きわまりない組織は、とかく国家そのものをも思うようにひきずりかねないことは、近代国家における軍部のクーデターの多数の実例からただちに明らかである。軍閥がばっこした場合も、日本だけにはとどまらない。この組織を、自己の統制下におさえ込んだ点で、しかもそれを、最終段階では軍部内の人的対立につけ込んだ陰謀によって実現した点で、ヒトラーの政治力はやはりただならぬものがあった。軍部にひきずりまわされた、昭和前期の日本の政治家たちなどとは比較にならない。しかし、軍部の支配を実現しえた文民の政治家が、軍部以上に無謀であり、戦争へと暴走する政治指導を行った場合、その文民統制は、統制しているのが文民の政治家である以上問題ない、というような形式論によって評価すべきでないこともまた明白であろう。

ヒトラー対軍部の関係は、「シビリアン-コントロール」の歴史に新しい一章をもたらしたものといいえよう。しかし、この関係は、「フリッチュ危機」によりヒトラーの勝利が一応確立したあとでも、なおしっくりゆかず、いずれも不発に終わるがしばしば軍部のヒトラー反対のクーデターが企図され、ベックを中心とする四四年七月二〇日のヒトラー暗殺未遂事件にまで至るのである。

ヒトラーが、ドイツ国防軍に対する支配を確立したのは、ブロンベルクとフリッチュの辞任が確定した三八年二月四日と考えられる。これとは対照的に、日本の首相近衛文麿は、三七年七月七日に日中戦争が勃発して以来、日本陸軍の暴走をおさえることがまったくできずにいた。プロイセンの憲法を輸入した明治憲法の体制においては、軍部に対する天皇の「統帥権」は、文民政府の権限から完全に独立している。近衛の苦悩は、その自殺のあとに残された手記のひとつ『平和への努力』のなかに、つぎのように記されている。

近衛文麿

一体どの辺まで行ったら軍事行動が止むだろうか。我我としては、およそここいらまで止めるという大体の目安《めやす》を知っておかないと、口に不拡大を唱えても、実際には適当な手を打つことができない。ことに外交方面が困る。しかし軍部大臣以外の者は、私はじめ各閣僚とも、この点について、なんの報告も得られないのであるから毎日ジリジリしていた。閣僚でさえも、確かな事は分らないので、不安不満の気分が閣内に漲《みなぎ》っていた。とうとう拓相の大谷尊由が、院内閣議で発言した。それは事変後二〇日ほどたって開かれた特別議会中のことであった。「大体どの辺で軍事行動を止めるのか」と質問すると、杉山陸相は黙ったまま一言の返事もしない。それを見かねたのか海相米内光政《よないみつまさ》は「それは永定河と保定の間の線で止める予定だ」と答えた。すると杉山はたちまち顔色をかえて「こんなところでそういっていいのか」と海相をどなりつけたので、一座は白けわたり、話はそれきりになってしまった（集英社版、一一一頁）。

❖ノイラートからリッベントロップへ

ドイツでは、軍部への支配の確立に加えておなじ一九三八年二月四日に、ヒトラーによる一種の粛清《しゅくせい》はさらに進められ、「ホスバッハ覚書」に述べられているような慎重論を唱えた外相ノイラートは、この日解任され、リッベントロップがこれにかわった。

先に見たように、ノイラートは、三七年一一月五日に示されたヒトラーの戦争計画を、フリッチュと力を合わせて、思いとどまらせようとしたが、ヒトラーはノイラートを避け、三八年一月なかばに、やっとヒトラーに会うことのできたノイラートは、ヒトラーが自分の説得に耳をかたむけようとしないのを見て、自分以外の外務大臣を見つけてほしいと述べたが、皮肉にもこの要求だけが、ヒトラーによって容れられることとなる。

ヒンデンブルク大統領が、三三年一月三〇日、ヒトラーに組閣を許すに際して、大統領は、外相と国防相との人事は、ヒトラーによる選定を許さず、大統領がみずからことを行うことを条件とした。大統領とその取りまきの、ナチ党員ではない、前首相フランツ＝フォン＝パーペンのような保守派の政治家たちは、この措置により、ヒトラーをおさえ込み、自分たちの思いどおりになるロボットにしてしまうことができると夢想したのである（12～13頁参照）。

ヒンデンブルクは、外相に、ナチ党員でない生粋《きっすい》の外交官で貴族のノイラートを、国防相にブロンベルクを指名した。ブロンベルクは、大統領の期待をうらぎってヒトラーに追従してしまったが、ノイラートのほうはそうではなかった。いずれにせよこの二つのポストは、ヒトラーにとって不愉快な、過去から背負わされた重荷であった。ヒンデンブルクは、三四年八月二日に世を去り、ヒトラーは「総統」に就任していたが、二人の大臣はヒトラーの内閣に残っていた。「フリッチュ危機」の結果、ヒトラーは、この二つのポストを清算するきっかけを摑んだのである。

❖フリッチュとホスバッハのその後

以下、フリッチュ危機の二人の登場人物のその後の運命について、若干触れておきたい。フリッチュの事件を審査する軍法会議は、ゲーリングを裁判長として、三八年三月一一日に開かれることになった。ところが、つぎに述べるオーストリア併合問題の急迫により、開廷は一週間延期された。このあいだに、ヒトラーはオーストリア合併について大成功をおさめたので、軍法会議をめぐる空気は一変してしまった。軍法会議そのものは、事件がでっちあげであることを明らかにし、三月一八日、フリッチュの無罪判決がくだされたけれども、これをてこに、軍部がヒトラーと対決するという、陸軍の一部にあったもくろみは、オーストリア合併の達成によってけしとんでしまった。

フリッチュの名誉はこうしてともかく回復され、彼は、八月一一日に、彼の出身連隊である砲兵第一二連隊の名誉連隊長に任命された。しかし、彼はしだいに絶望的な気分にとらえられるようになり、三九年九月二二日、ポーランド前線で、事実上自殺に近い戦死をとげた。

もうひとりの登場人物で、「ホスバッハ覚書」の作成者でもあるヒトラーの副官ホスバッハ大佐は、フリッチュよりも運がよかった。ホスバッハは、ヒトラーの命令に反して、事前にフリッチュに事件を通報したために、生命の危険をも覚悟していた。ヒトラー付きの陸軍副官の地位は、ルドルフ＝シュムント中佐にかえられたが、その後もホスバッハは陸軍に残ることができた。のちには歩兵大将にまで昇進し、第四軍の指揮をゆだねられた。四五年一月二八日、突然ヒトラーから電話によって解任されたが、戦後まで生きのび、ベネットの伝えるところでは、「道徳再武装運動」（ＭＲＡ）の信奉者となった由である（前掲訳書、第一巻、三四〇頁）。

もうひとりの脇役、すなわち、ブロンベルクに不利な証拠書類をヒムラーに渡さずにカイテルに渡した、ベルリンの警視総監ヘルドルフは、元来突撃隊の幹部であったが、このあとヒトラーに対する抵抗運動のなかでかなり重要な役割を果たした。三八年九月、ミュンヘン会談によって挫折したヒトラー暗殺計画にも加わっており、四四年七月二〇日のヒトラー暗殺未遂事件で逮捕され、処刑されている。七月二〇日の事件こそ、ドイツ国防軍のヒトラーに対する抵抗の頂点を形成するものであった。

II

中央ヨーロッパの覇者として

オーストリア合併とチェコスロヴァキア解体

❖「アンシュルース」

「ホスバッハ覚書」に示されたヒトラーの二つの計画のうち、まず実行されたのはオーストリア合併であった。先にも述べたように(42・43頁)、第一次世界大戦に敗れて、諸民族の寄せ集めであったオーストリア=ハンガリー二重帝国がばらばらに分解されたとき、ドイツ人居住地域だけが人口七〇〇万の小国として残ったものが、オーストリア共和国である。新しいオーストリアは、五千万の人口を擁したオーストリア=ハンガリーから見れば、そのほんの一部に過ぎなかった。十分な経済力を持たない新しい小さなオーストリアは、自活能力を欠いていた。そこで、生きてゆくための唯一の道として、敗戦直後、ドイツとの「アンシュルース(合併)」を望み、ウィーンの議会でその決議をしている。ところが、パリ講和会議は、この合併をよろこばなかった。講和会議の結果結ばれた、オーストリアとの講和条約であるサン=

ジェルマン条約は、ドイツとオーストリアとの「アンシュルース」を禁止していた。

オーストリア出身のヒトラーは、武力による威嚇をとおして、「アンシュルース」を実現した。それは、一見オーストリアの二〇年来の希望を成就させたもののように思われたが、ヒトラーの本意が、オーストリア人の期待を満たすというようなところにはなく、ドイツの「生活空間（レーベンスラウム）」の拡大、それによる食糧と原料との確保という、オーストリアにとって迷惑至極なものであったことは、「ホスバッハ覚書」に記されているところから疑いない。いったんは、ヒトラーによる合併に拍手を送った多くのオーストリア人たちも、やがていやというほどヒトラーの本心を知らされることになる（42頁参照）。

独立国としてのオーストリア共和国の最後の首相クルト＝フォン＝シュシュニックは、最後の大統領ヴィルヘルム＝ミクラスとともに、ヒトラーの一方的な合併強行に最後まで抵抗したが、結局ヒトラーの武力による脅しに屈する。

❖首相と大統領の空しい抵抗

シュシュニックは、一九三八年二月一二日、オーストリア国境に近いベルヒテスガーデンにあるヒトラーの山荘へ呼びつけられた。山荘の広い二階の書斎には、大きな窓があり、そこから、アルプスがよく見わたせた。シュシュニックは、回想録『オーストリアのための鎮魂歌』

（アイン－レクイエム－イン－ロート－ワイス－ロート）のなかに、このときのヒトラーとの対談の記憶を書きつけている。

オーストリアはドイツの歴史に何の寄与もしなかったと主張するヒトラーに対し、シュシュニックは、ウィーンで活躍したベートーヴェンの例があるではないかと反論した。これに対してヒトラーは、彼はドイツのライン河流域地方の出身だと逆襲した。すこしでも文化のにおいのする対話はこれだけで、このあと、話題はむきだしなヒトラーの要求へと移された。結局シュシュニックは、ヒトラーの作成した最後通牒に署名することを強要され、やむなくこれに従った。この文書のなかには、シュシュニック首相が、オーストリア－ナチ党の首領アルトゥール＝ザイス＝インクヴァルトをシュシュニックの内閣に受け入れて、これに治安関係をゆだねること、従来オーストリア国内で弾圧されてきたオーストリア－ナチ党の活動を野放しにすること、オーストリアとドイツとの経済協力のため、フィッシュベックという人物を起用すること、などが含まれていた。これにより、オーストリアは、事実上、ザイス＝インクヴァルトを通じてヒトラーの支配下にはいることになった。

オーストリア大統領ミクラスは、シャイラーが『第三帝国の興亡』のなかで述べているところによれば、ウィーンっ子たちが、ミクラスの生涯での主要な業績は、たくさんの子供の父親になったことだ（前掲訳書、五三頁）といっていたような凡庸な人物で、事実一四人の子供を持っていたが、最後のどたん場で、シュシュニックよりも頑固に、ヒトラーに抵抗した。

シュシュニックも、ベルヒテスガーデンではヒトラーに屈したが、最後の勇気をふるって、オーストリアがドイツとの合併を本当に望んでいるのかどうか、三月一三日の日曜日に国民投票にかけると発表した。これより先三月一一日の金曜日の朝早く、シュシュニックは、ドイツがオーストリアとのザルツブルクの国境を閉鎖したことを知った。シュシュニックは、ウィーン市の中心にある聖シュテファン寺院におもむき、祈りをささげている。午前一〇時に、国民投票を取り消せというヒトラーの命令がとどき、午後二時、シュシュニックはザイス＝インクヴァルトに、国民投票を取り消すことになったことをつげた。ザイス＝インクヴァルトは、ただちにベルリンのゲーリングに電話をかけた。ここに開始された、ゲーリングと、ザイス＝インクヴァルトをはじめ、ウィーンでヒトラーの手足となって働いた人々との電話連絡の記録が、第二次世界大戦の末期に、連合軍当局によって、ベルリンで発見された。

この日、午後五時半、ザイス＝インクヴァルトはゲーリングに電話をかけて、シュシュニックの提出した辞表は大統領ミクラスによって受理されたが、ミクラスは、後任のオーストリア首相に、自分を任命することを拒否しつづけている、と報告した。ウィーンのドイツ大使館付き武官ヴォルフガンク＝ムフ陸軍中将も、あまり気のりはしなかったが、ウィーンでシュシュニックやミクラスに圧力をかけたひとりである。ムフは電話でゲーリングに、ミクラスは、力には屈服しないといっている、と報告した。ゲーリングはどなった。「何だと、そんなら彼は、ほうり出してほしいというわけか」「そうです」、とムフは答えた。「ですから彼は腰をすえて動かないのです（エアーブライプトーアルゾードルトージッツェン）」。

ヒトラーの意思にさからって、オーストリアが腰をすえてすわり込むことは、結局不可能であった。ゲーリングはムフに、一四人も子供があれば、腰をすえていなければなるまい、と嘲《ちょう》笑《しょう》的にいい、ムフに対して、ザイス＝インクヴァルトに政府をつくらせよと命令して、ムフとの電話を切った。

このあと、オーストリア問題についてのヒトラーの特命全権公使であるヴィルヘルム＝ケプラーと、ゲーリングとの電話の内容が記録されている。ゲーリングは、ケプラーに、ザイス＝インクヴァルトが、ドイツ政府にドイツ軍隊の派遣を要請する電報を打つようザイス＝インクヴァルトに伝えることを要求し、ザイス＝インクヴァルトが打つべき電報の電文を書きとらせた。

❖ムッソリーニへの手紙

ヒトラーが、オーストリア合併を強行するに際して、もっともおそれたのは、英仏の干渉ではなく、ムッソリーニの態度であった。ムッソリーニは、一九三四年、オーストリア－ナチ党が、シュシュニック首相の先任者エンゲルベルト＝ドルフースを殺害した際、オーストリアとイタリアとの国境のブレンネル峠に兵を出して、このあと予想されたヒトラーのオーストリアへの介入に武力をもって反対の意思表示をしている。ムッソリーニがブレンネル出兵をくりかえさぬよう、ヒトラーは最大限に気をつかった。ヒトラーは、三八年三月一一日、すなわち「アンシュルース」強行の直前に、ムッソリーニにあてて、つぎのような、事実を大幅に歪曲した、しかしながらムッソリーニへの追従に満ちた親書を出している。

重大なる運命のときにあたって、私は閣下に書簡をさしあげます。その目的は、閣下に、情勢によって必要となったと思われ、すでに変更できぬひとつの決定についての情報を提供することにあります。

このような書き出しのあとに、つぎのようなでたらめが並べられている。

最近数か月来、私は、オーストリアとチェコスロヴァキアとの関係の展開を見て、憂慮を増大させてきております。この関係は、平和なときにもすでに、我々にとって耐えがたいものでありますが、ドイツが戦争に加わることを強制された場合には、ライヒにとって極度に重大な脅威となるでありましょう。

このような相互理解を（チェコスロヴァキアとのあいだに）深める過程で、オーストリア政府は、しだいに、その国境を閉鎖しはじめ、要塞で固めはじめております。ここでの目的は、つぎのもの以外のなにものでもありません。

一　王政復古を適当なときに実現すること
二　常時二千万の人間の集団の重みによって、必要な場合にはドイツに対しても脅しをきかせること

ドイツとイタリアとの緊密なきずながてきあがったというまさしくその事実によって、わがライヒは、予想されたとおりに、避けがたい攻撃にさらされるという結果に立ち至ったのです。中央ヨーロッパにおいて、つぎのような事態が生じないようにする責任は私にあります。その事態というのは、まさしく我々とイタリアとの友情のゆえに、いつの日にか重大な紛糾へと発展しかねないような情況が、中央ヨーロッパのなかに到来する、という事態をさしています。

オーストリア国家の政策のこのあらたな方向は、しかしながら、けっしてオーストリア国民の真の希望と意志とに沿うものではありません。

ここでヒトラーが述べていることは、イソップのおとぎ話に出てくる、弱い小羊を食い殺そうとしたとき、小羊の身にまったくおぼえのないこと、例えば小羊がやったこともない、川の水をにごらせたというようなことで、小羊にいいがかりをつけた狼のいい草そっくりである。実際には軍事的にも経済的にも弱体な小国にすぎないオーストリアが、ヒトラーによれば、チェコスロヴァキアと共謀して、ドイツを攻撃しようとしている、という。これが、ヒトラー

がオーストリア合併について、ムッソリーニに説明した口実であったわけである。さすがのヒトラーも、この部分はあまりにも見えすいたうそで固めていることに気がひけたのか、ムッソリーニあての手紙にはこのとおりに書いたが、この手紙をドイツで公表するとき、この部分を削除させてしまった。したがってこの原文は、イタリア外務省の文書のなかから戦後発見されたものであり、ドイツ外務省の文書のなかにあるものは、この部分がなくなっている。

しかし、この手紙のなかでヒトラーは、出まかせではなしに、具体的な譲歩をも行っている。それは、末尾のほうで、イタリアとドイツとの国境はブレンネル峠だと約束した箇所である。このことは、ブレンネル峠以南にあるドイツ人の居住地域、すなわち南チロルについて、これをドイツに合併する要求を、ヒトラーがムッソリーニに対して行わない旨の確言を意味する。

イタリアは、第一次世界大戦において、これまでのドイツとオーストリア＝ハンガリーとの三国同盟を離脱し、これら二国の敵側である英仏側に加わって戦った。戦勝国側の一員となったおかげで、イタリアは、参戦の代償に、パリ講和会議で、オーストリア＝ハンガリーの旧領土で、ドイツ系の住民とイタリア系の住民とが入りみだれて居住していた南チロル地方の併合を承認された。

ドイツ国境のそとにドイツ人が残されるという事態は、しばしば見てきたとおりに、主として、オーストリア＝ハンガリー二重帝国の空中分解によってひきおこされたものである。ヒトラーは、これらドイツ人の居住地域をドイツに併合することを主張したが、南チロルについては、これを不問に付して、オーストリア合併に際してのムッソリーニの好意的中立を買い取った。これがさきの書簡の末尾の意味である。したがって、ヒトラーの主張は、その適用がかなり恣意《しい》的に、かつ御都合主義で行われていることがわかる。ヒトラーは、南チロルをイタリアに残したが、オーストリアと、チェコスロヴァキア国内のドイツ系住民居住地域、すなわちズデーテン地方については、きわめて強引にこれをドイツに併合したばかりでなく、ドイツ人の居住地域でない残りのチェコ地方も、一九三九年三月に、ドイツに吸収してしまった。ヒトラーの原則からすれば、ズデーテン地方と南チロル地方を、オーストリアと合わせてドイツに併合し、残されたチェコ人居住地域は手をふれないようにしておくほうが筋がとおるのに、ヒトラーはその逆を実行したのであった。

❖オーストリア作戦終了

ともあれこうして、ムッソリーニは二度とふたたびブレンネル峠へ出兵することをしなかった。ムッソリーニの支持を心待ちしていたシュシュニックは、まったく窮地に追い込まれた。それでは英仏両国はどうかといえば、まずフランスは、おきまりの政変劇の最中で、三八年三月一〇日にショータン内閣は崩壊し、あとをひき受けるべきブルム内閣は三月一三日まで組閣がなされていないという状態であった。政府のいないフランスに、武力干渉による「アンシュルース」阻止の決断など固められるはずがなかった。

イギリスの態度はどうかといえば、のちにミュンヘン会談における対ヒトラー宥和政策で有名になる首相アーサー゠ネヴィル゠チェンバレンの、オーストリア問題についての態度は、ヒトラーに対して、それこそきわめて「宥和」的であった。三八年三月四日、ロンドン駐在のドイツ大使館からベルリンにあてた報告によれば、オーストリアの事態を憂慮した労働党のアーサー゠ヘンダーソン議員が下院で行った、事態の核心を突いた質問に対し、チェンバレンは、目下進行中のヒトラーとシュシュニックとの交渉で、ドイツとオーストリアとの合併を禁止するサン゠ジェルマン条約八八条に違反するような事態はなにひとつ生じていない、と答弁しているのである。シュシュニックが強制的に署名させられた、二月一二日の「ベルヒテスガーデン協定」は、秘密外交の最悪のものである、というヘンダーソンの警告も、チェンバレンによってあっさりかわされてしまった。

孤立無援に追い込まれたオーストリアでは、結局、シュシュニックも、ミクラスも、ヒトラーに屈服し、三月一二日、ドイツ軍はオーストリアになだれ込み、ザイス゠インクヴァルトの政権が成立し、三月一三日にドイツとの「アンシュルース」が決定された。三月一四日、ヒトラーはウィーンに入城し、今日も残っているホテル゠インペリアールに一泊した。

その後オーストリアはどんな運命をたどったか。ザクセンハウゼンやダハウなどの強制収容所をたらいまわしされた元オーストリア首相シュシュニックの『オーストリアのための鎮魂歌』（原題中の「ロート-ワイス-ロート」（赤白赤）はオーストリアの国旗の色）は、そのあとに来たものの記録であり、そして、ウィーンのユダヤ人精神病理学者ヴィクトール＝フランクルの『夜と霧』とならぶ、「死の家の記録」である。

ムッソリーニは南チロルを保障されて、オーストリアを見すてた。けれども、英仏のうちのいずれかが軍事行動をおこしていれば、この時点でのドイツ陸軍の戦力では、太刀打ちできなかったはずである。だが、英仏はなんの行動にも出なかった。ドイツ陸軍の戦力を示すエピソードが残っているが、それによると、オーストリアとの国境を越えて侵入したドイツ軍機械化部隊は、ウィーンへたどりつく途中で、その何割か、一説ではその七割が、故障をおこして動けなくなり、ヒトラーをひどくいらだたせたのであった。

最後にひとつ疑問が残る。ヒトラーは、このような準備不足のドイツ軍に、なぜ三八年三月一二日という早い時点でのオーストリア侵攻を命じたのか。このときの作戦計画は「オットー作戦」（ファル-オットー）とよばれているが、実はこれは、オーストリア-ハンガリー二重帝国を支配したハプスブルク王朝の直系で、在位わずか二年で退位したカール皇帝の実子であるオットー＝フォン＝ハプスブルクがウィーンに復辟《ふくへき》した場合を想定して、ドイツ陸軍参謀本部によって以前に作成され、しかもそれが中途で放棄されていたというしろものであった。

寺坂精二氏は『ナチス・ドイツ軍事史研究』のなかで、ヒトラーが、オーストリア侵攻をこれほど急いだ理由は、これによって「フリッチュ危機」の転換をはかることにあったという、うがった見方をくわしく紹介している。少なくとも結果的には、オーストリア合併におけるヒトラーの成功が、フリッチュ危機をふきとばしてしまったことは、先にも見た通りである（78頁）。

ともあれこうして、「ホスバッハ覚書」に記されたヒトラーの二つの戦争計画のうち、オーストリアとの戦いは、無血のうちに終わった。つぎにヒトラーのタイムテーブルに浮かびあがるのは、チェコスロヴァキアとの戦いである。

❖ミュンヘンへ

ヒトラーにチェコスロヴァキアのドイツ人居住地域ズデーテン地方をわけ与える決定をしたミュンヘン会談の意義については、その背後にある英仏の宥和政策とならんで、多くの研究と論争とがつみ重ねられてきている。とくに、英首相チェンバレンの宥和政策は、今日までたえず論議の対象とされてきた。わが国でも、角田順・斎藤孝・坂井秀夫・綱川政則の諸氏により、種々の角度からの分析がなされている。

ここでは、この巨大な主題についてその全体像を明らかにすることは、これら内外の研究にゆずり、ヒトラーの通訳としてチェンバレンやムッソリーニ、ヒトラーなどとの交渉を直接に体験した、ただひとりの生き残りの証人であるパウル＝シュミットの回想録を通じて、ミュンヘン会談に至る緊迫した国際政治の過程の一側面を明らかにしてみたい。シュミットは、二三年以来一貫してドイツ外務省の通訳をつとめ、ヒトラーの政権掌握後は、ヒトラーの外国との交渉のやりくちを、通訳としてつぶさに体験することとなった。その回想録は『外交上の舞台での端役、一九二三―四五、外務省主任通訳官のヨーロッパの政治家達についての諸体験』と題されている。ここで、シュミットは、チェンバレンとヒトラーとのやりとりについて、三九四頁以下につぎのように記している。

九月一四日の朝、劇的でセンセーショナルな転換が到来した。この転換は、私がヒトラーのために訳すことをおおせつかった七行のテキストのなかに含まれていた。「ますます危機的となる情況にかんがみて、私は、平和的解決を見出すための試みをなすために、貴下をただちに訪問することを提案します。私は空路、貴下のもとにおもむくでありましょう。そして、私は明日出発が可能です。貴下が私を接見することのできる、もっとも早い時点を私にお知らせください。そして会見の場所を私に示してください。至急に御返事をいただければ幸いです。ネヴィル＝チェンバレン」。

その晩早速に私は、まったくかざり気のない特別列車で、制服を一切着用せずにミュンヘンへと出発した。その際私は、こんどは自分は国際的なショーに端役をつとめるのではなくて、歴史の本当のドラマのなかで、ひとつのつましい、しかし重要でなくはない役割を演じなければならないのだ、という感情を抱いた。「貴方の考えをよくまとめておいてくださいよ」、と私にフォン＝ヴァイツゼッカー（外務）次官が列車のなかでいい、「明日ベルヒテスガーデンでは戦争か平和かが問題となるのだから」、と述べた。

❖「平和の使者」チェンバレン

翌日の正午、我々はミュンヘンの空港にチェンバレンをむかえに行った。リッベントロップはヒトラーからこの仕事をおおせつかっていたのである。予定より前に、速度の速い双発のロッキード機がイギリスの客人たちを乗せて到着した。

まずチェンバレンが飛行機から出て来た。「私は空の旅をうまく持ちこたえることができましたよ」と、彼はリッベントロップに語り、「途中で一部悪天候に出会いましたし、私はこれまでの生涯でまだ一度も飛行機に乗ったことはありませんでしたけれども」、と語った。

チェンバレンの随員中には、政治上の問題のすべてにわたっての、首相にもっとも近い顧問のサー＝ホレース＝ウィルソンと、イギリス外務省中欧局長ウィリアム＝ストラング（120頁参照）

ミュンヘンに到着したチェンバレン（前列右から二人目）

のすがたが見えた。オープンカーで停車場へおもむく途中で、ミュンヘン市民たちはチェンバレンに本当に心からのあいさつを送った。私の感じでは、この歓迎ぶりは、一年前にムッソリーニに対して示されたよりももっと友好的なものであったように思われた。

ついで我々は、特別列車でベルヒテスガーデンへ向かった。小さな宴会の机が横にしつらえてあるヒトラー用の食堂車のなかに、我々は座っていた。チェンバレンと彼の随員たちは一方の側に、そして私自身はリッベントロップのとなりにおり、その右どなりにヘンダーソン（ドイツ駐在イギリス大使ネヴィル＝ヘンダーソンのこと）がいて、私はちょうどイギリスの首相に向かい合って座ったわけである。

この光景は、つぎのような理由から、今も正確に記憶している。その理由というのは、三時間の旅程のほとんどはじめから終わりまで、軍隊輸送車が我々のそばを通り過ぎて行き、この輸送車には、新しい洋服を着た兵隊たちと、空中につき出た砲身とが乗せられていて、これらが劇的な背景を形成していたからである。この、戦争のにおいのする舞台装置のなかから、当時彼はドイツでそうよばれていたのだが、「平和の使者」のチェンバレンは、奇妙なコントラストをなして浮かびあがっていた。

ベルヒテスガーデンのすこし手前で雨が降り出した。そして、我々がチェンバレンとともに山荘へとのぼって行くあいだに、空はますます暗さを増し、霧が山からおりて来た。ヒトラーは、彼の客人を、屋敷に通ずる階段の下のところで迎えた。

親しげなあいさつ、握手、協力者たちの紹介が行われた。それから我々は、ウンテルスベルクの眺望のきく大きな部屋のなかに、茶卓をかこんで座った。これは、ヒトラーが二年前にロイド=ジョージと、一年前にウィンザー公と歓談したのと同一の場所であった。しかし、当時ときょうの空気がちがっていたのは、そとの自然界ばかりではなかった。部屋のなかでも緊張がはっきりと感じられ、また、二人の対談者が互いに相手を観察していることがはっきりと感じられた。この両人は、数分後に、「戦争か平和かを決定する」会談を行うはずであった。

❖二人きりで

部屋の大きさや、悪い天候や、ヒトラーのイギリス訪問その他の話題についての、なんの意味もない、気づまりな会話がかわされたあと、かなり突然にヒトラーはチェンバレンにたずねた。チェンバレンはヒトラーだけと二人きりで話すことを望むか、それともチェンバレンは、顧問たちの助けを借りることを望むか、と。「いずれの場合にももちろんシュミット氏は通訳として出席しなければならない」、とヒトラーはいった。「しかし彼は通訳として中立であり、どちらのグループにも数えられない」。私はすでに、チェンバレンがヒトラーだけと話をしたいという希望を表明するであろうことを知っていた。このことは、リッベントロップに知らせないで、ドイツ側とイギリス側とのあいだで前もって打ち合わせができており、ヒトラーもその打ち合わせのことを知っていたのである。ライヒ外相（リッベントロップ）は当時双方の側から、イギリスとドイツとのあいだを平和的に調整する際に阻害要因になると感じられていたのだ！　ヒトラーもまた、おそらく、彼のかつてのロンドン駐在大使が、ひどく虚栄心を傷つけられ、この傷つけられた感情を抱いてイギリス人たちとどのように向かい合っていたかを知っていたものと思われる。そしてそれゆえに、この、ヘンダーソンとワイツゼッカーによって前もって話し合われ、ゲーリングも熱心に支持した（リッベントロップをまじえないでおくという）提案に賛成したのである。

このようなわけで、リッベントロップは、私がヒトラーやチェンバレンと二階の仕事部屋にはいって行ったとき、感情を害しながら「控えの間」に残ったのである。二階の仕事部屋は、ここでヒトラーがハリファックスと一年前に会い、さっぱりお互いに話が通じなかった、おなじ、あの質素で、ほとんどかざり気のない部屋であった。しかし今は、「戦争か平和かをめぐる」この話し合いは、必ずしも平和的とはいいかねる雰囲気のなかで進められ、一部は、嵐のようなかたちで演じられた。この話し合いは、きわめてながいあいだつづいた。それはほとんど三時間にわたった。ヒトラーは、見たところ、終了したばかりの党大会以来、ながい演説をするくせが身についていた。そしてときおり、くりかえして、ベネシュとチェコスロヴァキアとについてのいきどおりに自分で圧倒された結果、説明のながたらしさをきりつめようとする努力を、まるでやらなくなった。

❖危険な口調

最初、ヒトラーは、比較的静かな調子で、彼がいつもドイツの隣人たちに対して持ち出して来た苦情のリストを持ち出しはじめた。このリストには、あらゆるこまごましたことまでが入れられていた。ヴェルサイユ条約、国際連盟、軍縮が、詳細に語られ、経済的困難、失業と、ナチの建設措置も、わすれずにつけ加えられた。イギリスの新聞のドイツに対する批判、ドイツの内部、ならびにライヒの、オーストリアを含めた南東ヨーロッパとの関係に対するイギリスの「介入」、これらが、チェンバレンに対して提示された。そのあいだに、ヒトラーの調子はしだいに激してきた。

チェンバレンは注意深く聞いていた。褐色の目で、彼はヒトラーを正面から見すえていた。彼の、かたちのよい、イギリス人に典型的な顔立ちと、そして、もじゃもじゃしたまゆ毛、鋭い鼻と小さな黒いひげの下についた精力的な口とは、すこし白髪のまじった、ふさふさした毛髪の下にある高いひたいの下でなにが進行していたかをいっさい洩らすことがなかった。彼の兄のサー＝オースチン＝チェンバレンも、おなじようにして、ロカルノとジュネーヴとで、いつもシュトレーゼマンに向き合っていた。このイギリス外相の「鈍重さ」だけは、（弟の）チェンバレンにはなんのこん跡も見出されなかった。彼は逆に、きわめて精力的に、ヒトラーの述べたてたことの個々の点に同意した。そして、親しみ深い、まるで子供をあやすようなほほえみを浮かべながら、新聞の自由に関してありきたりの答えを与えた。それから、ヒトラーをしっかり見すえながら、自分は、ドイツが苦情を申し立てている点についてのあらゆる解決の可能性を討議する準備があるけれども、どのような事情のもとでも、強権の発動は排除されなければならない、と力をこめていった。

「強権だって?」、とヒトラーは激怒していった。「だれが強権のことを問題にしているのか? ベネシュ氏はこの強権を、ズデーテン地方の私の同胞に対して行使している。ベネシュ氏が五月に動員令をくだしたのであって、私ではない」。そとでは雨がどしゃ降りで、風が屋敷のまわりでほえていた。「私はもはやこのようなことを甘受できない」、とヒトラーはひどく興奮して叫んだ。「私はきわめて短期間にこの問題を――どっちみち――自分のイニシアティヴで解決するであろう」。ここにおいて、外国の政治家との会談のなかではじめて、「どっちみち」(ゾー・オーダー・ゾー)といういいまわしが出現した。このいいまわしは、私の観察では、極度の危険信号を意味していた。当時でもそうであったし、そのあとの時期でもやはりそうであった。私は、これをもちろん「ワン・ウェイ・オア・アナザー」、と正しく英語に訳した。しかし意味の上ではそれは、この場合もそうであったし、これ以後の場合でも、まったく同じであったのだが、相手側が譲歩するか、さもなければ――進軍、強権発動、戦争による解決、という内容であった。

それまで真剣かつ平静に、すべてに耳をかたむけていたチェンバレンも、いまや興奮してきた。「私が貴下のいうところを正しく理解しているとすれば」、と彼はいった「貴方はいかなる場合にもチェコスロヴァキアに対して攻撃を行う決意でおられるのですね」。数秒間にわたる間をおいて、彼はついでこうつけ加えた。「それが貴方の意図ならば、なぜいったい貴方は私をベルヒテスガーデンまで来させたりしたのですか？　このような事態のもとでは、私がふたたび旅出つのが一番良いことです。見たところ、すべてのことはもはやなんの意味もなくなりました」。

❖ヒトラーの譲歩

ヒトラーは、一瞬ためらった。彼が本当に戦争をひきおこすつもりならば、と私は考えた。その場合には、その瞬間は今なのだ、と。そして、彼を緊張して見つめた。この数分間、「戦争か平和か」は、本当にきわどい、間一髪のところにかかっていた。しかし、おどろくべきことがおこった。ヒトラーが後退したのである。

「もし貴方がズデーテン問題の取り扱いに対して、民族の自決権の基本原則を承認できるならば」、と彼は、興奮から突然完全な平静さと落ち着きへと調子をかえていった。「その場合には我々は、ひきつづいて、この基本原則がどのようにして現実化されうるかについて、話し合うことができるでありましょう」。私はこう思った。チェンバレンはただちに、自決権についての、期待された承認を与えるであろうと。この基本原則は、実際に以前からイギリスにおける政治上の議論の重要な要素であった。そして、イギリスの新聞においても、また、ドイツへ来た、イギリスの指導的な地位にある来訪者たちのあいだでも、一般に承認されていた。ズデーテン問題についても、この基本原則は承認されていた。しかしチェンバレンは、ただちにひとつの異議を唱えた。それは、彼が、ヒトラーの興奮した話し方に感情を害したせいかもしれない。あるいは、彼が、実際的な行政家として、この原則をチェコスロヴァキアに適用する際のいろいろな困難を知っていたせいかもしれない。

「自決権のチェコスロヴァキアにおける適用に際して、ズデーテン-ドイツ人のあいだで人民投票が行われるとすれば、その場合の困難さはすさまじいものとなるでありましょう」、と彼は反論した。にもかかわらず、ヒトラーは、いきり立つことはなかった。チェンバレンの、出発という脅しが、彼にきいたのであろうか。彼は本当に、全面的な戦争のもたらす混乱の前にたじろいだのであろうか。「私が貴方に自決権の問題への答えを与えなければならないのでしたら、私はまず、イギリスの私の閣僚たちと相談しなければなりません」、とチェンバレンはいった。「したがって私は、我々が我々の会談をここで打ち切ること、そして私はただちにイギリスに帰って、この打ち合わせを行い、そのあとあらためて貴方と会見することを提案します」。私がヒトラーに、会談の打ち切りについての数語を訳して聞かせたとき、彼はなにか不安げに面《おもて》をあげた。しかしながら、彼が、チェンバレンは彼とふたたび会うことを欲している旨を聞いたとき、彼は明らかにほっとして、同意を表明した。空気はたちまちふたたび友好的なものにかわった。そしてこの変化をチェンバレンは、ただちにたくみに利用して、ヒトラーから、その間にはチェコスロヴァキアに対していかなる強権発動をも行わない、という保証を取りつけた。ためらうことなく、ヒトラーはこの保証を与えたが、なにか特別の未曾有の突発事件が発生した場合には、この保証は効力を持たなくなる、とつけ加えた。

こうして会談は終わった。ヒトラーが譲歩したあとは、平和維持の見通しはいくらか明るくなったように、私には思われた。そして私は、ほっとした気分で、イギリス人たちとともに、夜の八時ごろ、ベルヒテスガーデン（の街）へと車でくだり、そこで我々は、グランド-ホテルで一緒に食事をし、その夜をも一緒に過ごしたのである。

ベルヒテスガーデンの山荘での、ヒトラーとチェンバレンとの会見の緊迫した場面を、通訳のシュミットは、このように伝えている。

❖民族自決の原則

ヒトラーが突然譲歩して、民族自決の原則による解決を持ち出したのは、かつてアメリカ大統領ウィルソンが、第一次大戦後の世界に平和を再建するにあたって、民族自決を、平和を保障する大原則として提唱した、そのおなじ原則をくりかえすことにより、チェンバレンから、ズデーテン地方割譲の約束を取りつけることをねらったものと思われる。ヒトラーはこの原則を掲げることにより、チェンバレンが、チェコスロヴァキアに対して、この地方の割譲をドイツにかわって主張してくれると考えたのであろう。たしかに、民族自決の原則からみれば、ドイツ人居住地域のズデーテン地方が、スラヴ系の、チェコとスロヴァキアとの両民族からなるチェコスロヴァキアに与えられたことはおかしかった。これは、パリ講和会議において、オーストリア＝ハンガリー二重帝国の遺産を各民族にどのように相続させるかを決める際に、敗戦国のドイツやオーストリア＝ハンガリーには、民族自決の原則を適用せず、この原則をゆがめた決定が行われたことに源を発している。

しかし、ヒトラーにとって、民族自決の原則は、あくまで方便に過ぎなかった。南チロル問題の処理や、半年後の一九三九年三月に強行した、チェコスロヴァキア解体は、いずれも民族自決の原則に反している。この点で、ヒトラーの主張は、前にも述べたようにまったく一貫性を欠いているのである（89〜90頁参照）。

いずれにせよ、ここでは、民族自決というにしきの御旗をかつぎ出すことにより、チェコスロヴァキアがイギリスの仲介を拒否し、ズデーテン地方のドイツへの割譲をことわった場合、チェコスロヴァキアを悪者に仕立てることができる、そうなれば英仏は、武力介入ができなくなるであろう、というのが、ヒトラーの胸のうちであったろうと思われる。

❖チェンバレンの再訪

チェンバレンがドイツを再訪する前に、ヒトラーは、ズデーテン-ドイツ人義勇軍の創設を認可し、陸軍総司令部に援助を命令した。陸軍のチェコスロヴァキア攻撃計画も着々ととのえられた。他方でヒトラーは、ハンガリーとポーランドとをたきつけ、チェコスロヴァキアからそれぞれ土地をぶんどるよう、そそのかしていた。

チェンバレンは、三八年九月二二日、ふたたびドイツに到着し、ライン河畔のゴーデスベルクでヒトラーと会見した。チェンバレンの一行は、ライン河を見おろすホテル-ペテルスベルクに泊まり、ヒトラーは、対岸のホテル-ドレーゼンに泊まった。

ホテル-ドレーゼンは、ナチ党の初期の党員であったドレーゼンが経営しており、ヒトラーはここで、三四年六月、ながらく同志であった突撃隊長レームを殺害する決意を固めている。今回の会談も、このホテル-ドレーゼンの会議室で行われた。チェンバレンは、ズデーテン地方の割譲について、イギリス・フランス・チェコスロヴァキア三国の政府が合意した旨を、ヒトラーに伝えた。ところがヒトラーは、一週間のうちに事態がかわったので、この提案ではもはや満足できないと述べ、ハンガリーやポーランドのチェコスロヴァキアに対する要求などを、その理由としてあげた。チェンバレンとヒトラーとのあいだに激論がかわされ、はっきりした結論が出されぬままに、チェンバレンはイギリスに帰った。チェンバレンがヒトラーと会見しているあいだに、チェコスロヴァキアが軍隊に動員令をくだしたというニュースが伝えられた。ヒトラーは、九月二六日、ベルリンのシュポルトパラスト（大体育館）で、ベネシュを罵倒するはげしい演説を行った。ヨーロッパ戦争は必至と見られた。

❖ミュンヘン会談

このとき、時の氏神として現れたのは、またしても、イタリアのドゥーチェ、ムッソリーニであった。その役割は、オーストリア合併のときとすこしちがっていたが、ヒトラーに有利に作用した点ではよく似ていた。九月二八日、イタリア大使ベルナルド＝アットリコが、事件を国際会議に付託すべし、というムッソリーニの伝言を持って、ヒトラーを訪れたのである。シュミットは、このときのことを、こう回想している。

アットリコは、ほんのすこししかドイツ語をしゃべれなかったので、私は、アットリコがヒトラーやリッベントロップと会談する際には、いつも通訳としてアットリコに奉仕した。まったく息をきらして、我々のほうへ、アットリコの大きな、すこしかがんだ姿が近づいて来た。彼の顔は興奮でまっ赤だった。厚いめがねのガラスの奥で、小さい、知的な目が、いそがしげにあちこちと動いていた。「私は、ドゥーチェから貴方への緊急の伝言

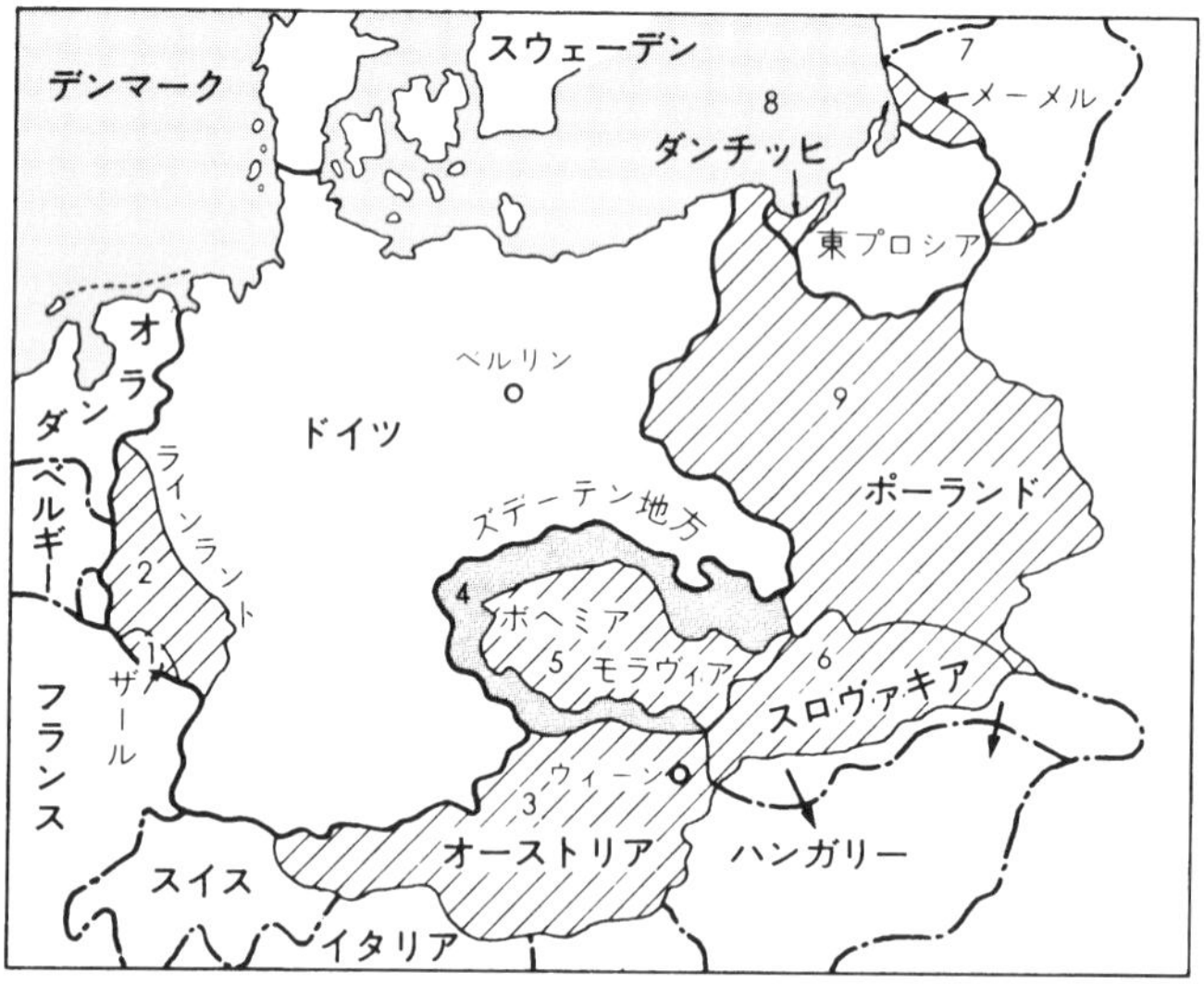

ズデーテンの併合　1～4はミュンヘン会談までの進出地域（1は人民投票、2は進駐、3、4は併合）。5～9はミュンヘン会談以後の進出地域。太線は1919年の国境線。

をお伝えしなければなりません、総統」、と彼はヒトラーとすこしはなれたところから叫んだ。この言明は、記録にはいらぬ性格のものである。私は彼のつぎの言葉を訳した。「たった今、イギリス政府はローマにおいて、イギリス政府がズデーテン問題についてのドゥーチェの調停を受け入れる旨を、その大使を通じて伝達してきました。イギリス政府は、相違点はまったく僅少であると述べています」。ついで、興味ある転換がつづいた。「総統よ、貴方がいかなる決定をされようとも、ファシスト－

イタリアは貴方を支持する旨を、ドゥーチェは伝えてほしいとのことです」、と我々にアットリコは言明したが、ただちにつぎのことをつけ加えた。「ドゥーチェはしかしながら、この提案を受け入れることが時機を得たものであろうとの見解であり、貴方に、動員を思いとどまるよう求めておられます」。ヒトラーは、フランソワ＝ポンセ（フランス大使）との対談によってすでに慎重になっていたが、ムッソリーニのこの伝言に、明らかに感銘を受けた。緊張して、アットリコはヒトラーを見つめていた。

この瞬間に、決断は平和のほうにくだされた。九月二八日一二時ちょっと前であり、ヒトラーの（チェコスロヴァキアに対する）最後通牒の期限の切れる二時間前であった。「ドゥーチェに、私が彼の提案を受け入れるとお伝えください」、とだけヒトラーは答えた（前掲書、四一二頁）。

こうして、九月二九日から三〇日にかけて、英首相チェンバレン、仏首相ダラディエとヒトラー、ムッソリーニの四者がミュンヘンで会合し、ズデーテン地方のドイツへの割譲を取り決めた。この会談には、当事者のチェコスロヴァキアも、フランスとともにチェコスロヴァキアの独立を保障する条約に調印していたソ連も招かれなかった。

ズデーテン問題をめぐって戦争が勃発することをおそれたドイツ陸軍の、ベックにかわった参謀総長フランツ＝ハルダーを中心とするグループは、ヒトラーを暗殺して平和を救うことをくわだて、イギリスにも通報していたが、チェンバレンのドイツ訪問により挫折したといわれている。けれども、この計画についての、当事者たちの戦後の証言は相互にくいちがっており、どの程度まで実現の可能性があったものか、あまりはっきりしていない。しかし、ハルダーらの軍首脳が、交渉による平和がもたらされる以上ヒトラーを暗殺する意味はない、と判断してヒトラー暗殺計画を中止したのだとすれば、このような判断は、一年のちに完全に裏切られた。

ヒトラーは、ミュンヘン会談で一歩ゆずったが、「ホスバッハ覚書」に示された、戦争への計画をすてたわけではない。このことは、チェコスロヴァキアの全面的解体によって明らかとなる。そしてヒトラーは、「ホスバッハ覚書」に示されていなかった、ポーランド侵攻作戦を進め、その実現のために、スターリンと手をにぎるのである。

❖プラハ占領

ヒトラーは、チェンバレンの譲歩の結果、ミュンヘン会談を通じて、チェコスロヴァキアの周辺部、ズデーテン地方を、戦わずしてドイツ領に合併することに成功した。しかし、ヒトラーは、「ホスバッハ覚書」に記されていたような、武力による華々しいチェコスロヴァキア分断がそのために妨げられてしまったことには、不満を抱いていた。ヒトラーは、ミュンヘン会談が、イギリスの譲歩できるぎりぎりの限界であったことを十分に認識していなかったように思われる。一九三九年三月、ヒトラーは、チェコスロヴァキア分断政策をさらに一歩おし進めた。このことは、イギリスと、そしてフランスとに、ヒトラーのドイツとの戦争もやむをえないという決意を固めさせてしまう結果をもたらした。

ミュンヘン会談直後の三八年一〇月二一日、ヒトラーは、ドイツの陸軍と空軍とに対して、チェコスロヴァキアの残部を解消するための準備を行うよう指令している。「チェコスロヴァキア」について、ヒトラーは、つねに、「チェッハイ」という、軽蔑した表現のドイツ語を用いていた。「ホスバッハ覚書」の場合も同様であった。

三九年三月一四日、フランチシェク＝フヴァルコフスキー外相をともなってベルリンをおとずれたチェコスロヴァキア大統領エミール＝ハーハは、国賓待遇を受け、ベルリン第一級の宿舎であるホテル-アドロンに泊められた。しかし、ハーハは、三月一五日午前一時過ぎまで、ヒトラーとの会見を許されなかった。深夜になってヒトラーの前にひき出され、哀願するハーハに対し、ヒトラーはこれを聞き入れようとしなかった。そして、午前四時すこし前、ハーハは、自分が「チェコ国民の運命を、総統の手にしっかりとおまかせした」旨の文書に署名させられた。この文書の草案をドイツ側が準備しているあいだ、ハーハとフヴァルコフスキーは、別室に案内されて、ゲーリングとリッベントロップをまじえての話し合いをさせられた。アラン＝バロックの『アドルフ・ヒトラー』が伝えるところによると、このほんの短い幕間《まくあい》に、空軍長官のゲーリングから、プラハを爆撃して破壊してやるぞとおどかされて、ハーハは卒倒している。ヒトラーの侍医モレルが、ちゃんと待機していて、ハーハが息を吹きかえすように、ハーハに注射を打った（同訳書、二の一〇三頁）。モレルというのは、ヒトラーのお気に入りではあったが、怪しげな医者で、モレルが調合した丸薬は、晩年のヒトラーの健康をめちゃめちゃにしてしまった。

この日、チェコスロヴァキアの首都プラハは、ドイツ軍に占領され、夕方、ヒトラーは、プラハに到着して、ラチャニの古い宮殿に一泊した。この宮殿は、戦火をのがれ、いまはチェコスロヴァキア大統領官邸となっている。黒白の模様でかざられた壁は印象的である。

さて、ヒトラーは、三月一六日、ラチャニ宮殿で、つぎのような布告に署名した。

一千年のあいだ、ボヘミアおよびモラヴィアの領域は、ドイツ人の生活圏に属していた。暴力と愚劣さとが、これらの領域を恣意的にその古い歴史的地位からひきはなし、ついには、これらの領域をチェコスロヴァキアなる人工的構成物に合併することにより、たえざる不安の温床をつくり出した（ヴェルサイユ体制のことをさす）。年ごとに危険はますます増大し、ついには、過去に一度そういうことがおこったように、この領域から、ヨーロッパの平和にとっての、新しい、巨大な脅威が生ずることがありうるまでに至った。なぜならば、チェコスロヴァキアの国家とその政府とは、適切な基盤のうえにたって、そのなかに恣意的に統合された民族のもろもろのグループの共同の生活を組織し、こうして、彼らすべてがその成員である国家の維持に関心を持つすべての人々の利益を、覚醒させ保持することができなかったからである。

しかし、ドイツ-ライヒは、それ自体の平安と安全とのためにも、また一般の福祉と平和とのためにも、きわめて決定的な重要性を有するこれらの領域のなかでの、たえざる混乱を甘受することはできないのである。

早晩、その歴史とその地理的境位とによって最大の利害を有する強国は、もっとも重大な影響を蒙らされる運命を持つ。それ故に、もしドイツ-ライヒが適切な中央ヨーロッパの秩序の基礎を再建するために決定的な干渉を行う決意を固め、また、このような決意の当然の結果であるような処置を実施する決意を固めるとすれば、それは自己維持の命令に服従することに過ぎないのである。なぜならば、千年の過去を持つ歴史を通じて、ライヒはすでに、ドイツ人の偉大さと、そしてまたその諸性格のおかげで、ライヒのみがこれらの問題を解決する資格があることを証明したからである（ベーンズ『ヒトラー演説集』第二巻、一五八六～七頁）。

❖チェコ合併

かくて、パリ講和会議の結果成立したヴェルサイユ体制のひとつのかなめとしてのチェコスロヴァキアという新しい国家のうち、ボヘミアとモラヴィアとはそれぞれドイツの保護領となり、スロヴァキアはドイツの保護国として、見せかけだけは独立国のかたちで存続することとなった。かつてオーストリア-ハンガリー二重帝国のうちのオーストリアの領土として、ドイツ人とチェコ人、スロヴァキア人がごたまぜになって居住していたこの地方は、ふたたびドイツ人の支配下におさえ込まれるに至った。オーストリア-ハンガリーという二重国家をわける境界線は、今のオーストリアのもっとも東のはしに位置するブルゲンラント州のなかを流れるライタ川という小さな川であった。そして、ライタ川の東側は、ライタ川の彼方という意味で「トランスライタニエン」とよばれ、ハンガリーの統治下に入れられていた。これに対し、ライタ川の西側は、ライタ川の此方という意味で「チスライタニエン」とよばれ、オーストリアが統治していた。この「チスライタニエン」のなかでも、スラヴ系のチェコ人の居住するボヘミアとモラヴィアとは、オーストリアの支配からの独立運動のもっともさかんな地方であった。ウィーンの議会は、チェコ系議員の野次と妨害とによって機能がほとんど麻痺し、それを見たヒトラーは、そこから、議会主義そのものを否定するという性急な結論をみちびき出した。同時に、諸民族のルツボであったウィーンで放浪の青春時代をすごしたヒトラーの心のなかには、ユダヤ人とならんで、チェコ人を筆頭とするスラヴ系諸民族への憎悪が育っていった。このようなヒトラーの憎しみの念は、ここに掲げたラチャニ宮殿からの布告のなかにもうかがうことができる。ヒトラーが、ドイツ人の国家ドイツに生まれたドイツ人ではなく、オーストリア＝ハンガリー二重帝国の臣民として、それも、チェコ人をはじめとするスラヴ系諸民族の独立運動にゆすぶられていたオーストリア、すなわち「チスライタニエン」の臣民として生まれたことに、ヒトラーの行動を解明するひとつのかぎが求められるように思われる。

チェコ合併は、イギリスのヒトラーに対する宥和政策に終止符をもたらした。ヒトラーがつぎにねらっているのがポーランドであることは明白であったから、チェンバレンは、三月三一日、英仏の対ポーランド援助を保障し、四月六日には、英仏両国の対ポーランド相互援助条約が発表された。ただし、その調印は、三九年八月二四日に行われる。こうして、ヒトラーがポーランドを侵略した場合、英仏両国が軍事援助を行う決意を持っていることが明らかにされたのである。

独ソ不可侵条約からポーランド分割へ

❖独ソ接近への瀬踏み

ミュンヘン会談において、ソ連の代表が招かれることもなく、またソ連とのなんの相談もなしに、英仏独伊四国のあいだでズデーテン地方をめぐる取り引きが行われたことが、ソ連に強い不安を与えたことは当然である。そもそも、一九三五年三月一六日、ドイツが、ヴェルサイユ条約の軍備制限条項を一方的に廃棄すると宣言し、徴兵制による再軍備を行うことを発表したとき、深刻な不安に駆られたチェコスロヴァキアは、五月一六日、ソ連とのあいだに相互援助条約を結んで、これに対処しようとした。しかし、この条約は、ヒトラーがチェコスロヴァキアに攻め込んだとき、ソ連がただちに立ち上がって、武力によってチェコスロヴァキアを助ける、というものではなかった。この条約は、五月二日に調印された、有効期間五年の、仏ソ相互援助条約を前提とするもので、フランスがチェコスロヴァキアへの援助義務を発動させる場合にかぎり、ソ連の援助行為も現実化するというややこしい規定が、この条約の調印議定書のなかにちゃんと書き込まれていた（斉藤孝著『第二次世界大戦前史研究』、二〇三頁）。ところが、ミュンヘン会談で、フランスのダラディエ首相は、チェンバレンにひきずられて、というよりはむしろよろこんで、ズデーテン地方のドイツへの割譲に賛成している。ソ連が、英仏の宥和政策は、ヒトラーをソ連に向かってけしかける効果を目的としたものとして受けとることはむしろ当然であった。

ソ連邦内閣付属ソヴィエト情報局が一九四八年に発表した『歴史の偽造者』という小冊子は、つぎのように述べている。

すべての大強国のうち、ひとりソ同盟のみがチェコスロヴァキアの悲劇の全段階を通じて、チェコスロヴァキアの独立と民族的権利のため積極的に闘ったのである。イギリス、フランス両国政府は、世論の眼をごまかそうとして、ソ同盟が互助条約から生ずるチェコスロヴァキアへの義務を果たすかどうかをあたかも知らぬかのごとき偽善的声明を行った。だがかれらは真赤な嘘をついたのだ。なぜならソヴィエト政府は、互助条約——それは同時にフランスに対してチェコスロヴァキアを護ることをも要求している——に基づきドイツに抗してチェコスロヴァキアを擁護する用意があることを公式に声明していたからである。だがフランスはおのれの義務を遂行することを拒否した（同訳書、三八頁）。

こうして、ミュンヘン会談は、独ソ接近への一里塚となる。ソ連の指導者スターリンにとっては、ヒトラーと話をつけて、ヒトラーが、英仏のそそのかしに乗ってソ連を攻撃することのないよう約束を取りつけておくことは、ソ連の国家理性、ナショナル＝インタレストの切実な要求であった。ヒトラーとしても、ポーランド攻撃の際、もし英仏が軍事介入に踏み切るならば、同時にソ連との戦いにもまき込まれることだけは、さしあたり避けておきたかった。

しかしながら、共産主義国家であるソ連と、共産主義反対を旗印とするナチス＝ドイツとが、イデオロギーの一八〇度のちがいを乗りこえて握手するためには、かなりの時間が必要であった。独ソ接近への瀬踏みは、まずスターリンによって開始される。三九年三月一〇日、第一八回ソ連邦共産党大会におけるスターリンの演説で、従来は西側の資本主義諸国すべてをはげしく攻撃していたスターリンは、英仏のみを罵倒し、ドイツを攻撃の対象からはずした。スターリンは、英仏が、「対ソ戦争を開始する義務の代償としてドイツにチェコスロヴァキアの諸地方を割譲した」、と述べ、英仏のドイツに対する不干渉政策は、ドイツをヨーロッパ問題に深入りさせ、独ソ戦を開始することをねらうものである、と述べた。注意してこの演説を聞いたものは、スターリンのヒトラーに対する政策が変化したことに気づいたはずである。

この演説はまた、英仏両国との協力により、ドイツを抑制することにつとめてきたソ連邦外務人民委員（外相にあたる）リトヴィノフの、いわゆるリトヴィノフ外交にスターリンが終止符を打つ意向であることを暗示していた。はたせるかな、三九年五月三日、リトヴィノフは罷免され、古参の共産党員であるモロトフがこれにかわった。

❖独ソ関係の急転回

これ以後、モロトフ首相兼外相と、ドイツのモスクワ駐在大使で、のちに四四年七月二〇日のヒトラー暗殺事件に連座して処刑されるシューレンブルクとのあいだに、独ソ関係改善をめざす折衝が重ねられた。ベルリンでも交渉が進められた。ドイツ外務省東欧課長の職にあったユリウス゠シュヌルレは、七月二六日夜、ソ連のベルリン駐在代理大使ゲオルク゠アスタホフらとの会談について、七月二七日付けの覚書のなかにつぎのように記している。

アスタホフは、防共協定および我々の日本に対する関係、さらにミュンヘン会談およびそこで我々が獲得した東欧における行動の自由などに言及し、これらの事柄の政治的効果はソ連に敵対する性質のものである、と述べた。我々は、バルト諸国やフィンランド、ならびにルーマニアを我々の勢力圏と見なしており、このことはソ連政府にとって、脅威を受けているという感情を完全なものとするものである、と。

これに対しシュヌルレは、逐一反論を加えたあと、ソ連側に明確な選択をせまった。「いったいイギリスはロシアに対してなにを提供できるのか。せいぜいのところ、ヨーロッパ戦争への参加とドイツの敵対とであろうが、これは、ロシアにとって求めるに値する目標ではないであろう。これに反して我々は何を提供できるのか。中立と、万一ありうるかもしれぬヨーロッパの紛争にまき込まれぬこと、そして、モスクワが欲するならば、双方の利害についての独ソの協定を提供することができる。この協定は、かつてそうであった(ラパロ、ベルリン中立の二つの独ソ条約をさす)のと同様、両国の利益となる効果を持つであろう」、と。この二者択一について、モスクワ側がよく考えてほしいとせまったドイツの態度は、強い印象をソ連側に与えたものと思われる。ちょうどおなじ時期に、モスクワでは、イギリスから派遣された外務省中欧課長ストラングとのあいだの交渉も進行していたが、ストラングは、チャーチルによれば、「二流の人物」であり、条約を結ぶ権限を持っていなかった。それだけに、ドイツ外務省東欧課長シュヌルレの言明は、印象的に作用したと思われる。スターリンの目に、自分との取り引きにより積極的なのは、チェンバレンよりもヒトラーであると映じたことはたしかである。なお、このとき、シュヌルレは、経済問題における協力の再確立、政治関係の正常化と改善、良好な政治関係の再確立という三段階にわけて、独ソ協力が実現してゆくことが可能である、と述べていた。

シュヌルレのこれらの言明に対するモスクワの反応は、八月四日、シューレンブルクとモロトフとの会見において示された。このときのモロトフの態度は、いままでの控え目なものとこととなり、きわめて率直なものであった。モロトフが、ソ連政府も独ソ関係の正常化と改善とを希望しているが、独ソ関係の悪化は、第一に日独防共協定の締結およびこれに関連してこれまで表明され実行された一切の事実による、と述べたのに対し、シューレンブルクは、防共協定はソ連を対象とするものではない、モロトフ自身、五月三一日、防共協定は西欧民主主義に対する同盟である、と述べたではないか、ときりかえした。モロトフは、防共協定が日本のソ連に対する侵略的態度を強化させたのは事実であるし、ドイツは日本を支持しており、また、ドイツ政府は、ソ連政府の参加したいかなる国際会議にも出席していないではないか、とふたたび反駁した。そして、モロトフとシューレンブルクとのあいだで、バルト諸国やポーランドをめぐっても、はげしい議論が展開された。シューレンブルクは、ソ連の対独不信はまだかなり強いが、自分の述べたことがモロトフにかなりよい印象を与えたものと信ずると、ドイツ外相リッベントロップに報告している。

八月一四日、シュヌルレは、ソ連代理大使アスタホフが、八月一二日にベルリンで自分を訪問して、つぎのように伝達せよとのモスクワから訓令を受けた、と語ったことを、シューレンブルクに伝えた。アスタホフはここで、ソ連が独ソ間のいくつもの問題を個々のグループにわけて協議することに関心を抱いている旨を、シュヌルレに報告したのである。アスタホフは同時に、ソ連政府が会談の場所としてモスクワを提案している、と述べた。これもあわせて、シュヌルレからシューレンブルクに伝えられた。シュヌルレ発のシューレンブルクあてのこの電報こそ、独ソ関係の急転回を示す記録にほかならない。

八月一二日から、英仏の軍事使節団と、ソ連側を代表するヴォロシーロフ元帥とのあいだで軍事会談が開始された。この会談に熱心であったのは、イギリスよりもむしろフランスで、フランスの要望に動かされて、英仏の軍事使節団がモスクワに派遣されたのである。しかし、英仏両国は、英仏ソ三国軍事協定をめざすこのモスクワでの話し合いに、それほど本腰を入れていなかった。このことは、英仏軍事使節団が、飛行機でなしに船で、一一日もかかってのんびりとモスクワ入りをした事実からも明らかに読みとれた。そして、この軍事会談は、早くも八月一五日には、完全に行きづまっている。この行きづまりをもたらしたものは、ソ連側が突然態度を硬化させたことによるが、ドイツと戦う場合に赤軍のポーランド通過を認めようとするソ連の主張を英仏が拒否しつづける以上、交渉がまとまるはずはなかった。ソ連が、英仏とドイツとのいずれを選択したかは、すでに八月一二日の時点で明瞭であった。

❖不可侵条約の調印

ドイツ外相リッベントロップは、ただちに、モスクワにおもむく旨を言明する。スターリン

独ソ不可侵条約の調印（握手するリッベントロップ〔右〕とスターリン）

は、ドイツ外相のモスクワ入りを歓迎することを明らかにした。八月二二日午後九時、リッベントロップと、通訳のシュミット公使を含む多数の随員を乗せた、四発のＦＷ二〇〇コンドル機は、ベルリンをあとにして、ケーニヒスベルクに向かった。

前出の通訳シュミットの回想録『外交上の舞台での端役』によれば、この夜、リッベントロップは、スターリンとの話し合いの準備に忙しく、ベルリンやヒトラーの山荘のあるベルヒテスガーデンとの電話やメモの作成で、随員を眠らせなかった。シュミットは、リッベントロップがメモに書きつける字は、夜が更けるとともに疲労のため次第に大きなものになっていった、と述べている（前掲書、四四一頁）。

一睡もしなかったリッベントロップの一行は、八月二三日の金曜日午前七時、ケーニヒスベルクの空港をあとにし、四時間で、一行を乗せた四発のコンドル機は、モスクワ空港に到着した。空港には、かぎ十字（ハーケンクロイツ）のドイツ国旗と、ハンマーとかまの印のソ連国旗とが並んで立てられていた。そして、ドイツ国歌とインターナショナル、すなわち「世界に冠たるドイツ」と「起て万国の労働者」の旋律が、空港にひびきわたった。それは、かつて、一八九四年以降帝政ロシアと共和政フランスとの秘密軍事同盟が結ばれていた時代、ロシアの軍港クロンシュタットを訪問したフランス艦隊を歓迎して、「暴君を倒せ」というフランス国歌「ラマルセイエーズ」が、ロシア国歌とともに演奏されたのとおなじように、あるいはそれ以上に奇妙な光景であったにちがいない。

リッベントロップはただちに、スターリンならびにモロトフとの会談にはいり、八月二四日午前にかけて、話し合いがつづけられた。話し合いはまとまり、八月二四日午前二時、一九三九年八月二三日付けの独ソ不可侵条約および秘密付属議定書が調印された。この条約は、有効期間一〇年で、相互の中立義務などをうたった七か条が公開されたが、それよりもはるかに重大な意味を持つのは、秘密付属議定書であった。ここにその全文を掲げる。

ドイツ-ライヒとソヴィエト社会主義共和国連邦とのあいだの不可侵条約調印に際し、下記の両国全権は、極秘の会談において、東欧における双方の勢力範囲の境界の問題について話し合った。この会談はつぎの結論をもたらした。

㈠　バルト諸国〈フィンランド、エストニア、ラトヴィア、リトアニア〉に属する地域における領土的政治的再配分が行われる場合には、リトアニアの北部境界が同時にドイツとソ連との勢力範囲の境界を形成する。この際ヴィルナ地域におけるリトアニアの権益は双方で承認される。

㈡　ポーランド国家に属する地域の領土的政治的変更の場合には、ドイツとソ連との勢力範囲は、およそ、ナレフ、ヴィストゥラ（ポーランド名ヴィスワ――著者）、サンの各河川の線を境界とする。

双方の利益が、独立のポーランド国家を維持することを望ましいものとするかどうか、そしてこの国家の境界をどのようなものとするか、という問題は、今後の政治的発展いかんによってはじめて最終的に明確化されうる。

いかなる場合にも、両国政府は、友好的協定によってこの問題を解決するであろう。

㈢　ヨーロッパの南東については、ソヴィエト側から、ベッサラビアへの関心が強調された。ドイツ側からは、これら地域に対して政治的に完全に無関心であることが言明された。

㈣　この議定書は双方の側によって極秘としてとり扱われる。

一九三九年八月二三日　モスクワにおいて

ドイツ=ライヒ政府を代表して
フォン=リッベントロップ
ソ連政府全権委員
V=モロトフ

❖八項目の要求

三八年一〇月二四日、ベルヒテスガーデンのヒトラーの山荘において、ドイツ外相リッベントロップと、ドイツ駐在ポーランド大使リプスキとの、三時間にわたる会見が行われた。ドイツ外相の秘書役ワルター=ヘーヴェルが記録した文書によればこの会見は終始友好的な雰囲気のなかで行われたが、ここでリッベントロップはポーランド側に、ドイツとポーランドとの関係を改善するためと称する八項目を提出し、リプスキは、本国の外相ベックとこれについて協議することを約束した。この八項目は、つぎのような内容のものであった。

㈠ ダンチッヒ自由市はドイツに返還されること。

㈡ ポーランド回廊《かいろう》を通って、治外法権を有し、ドイツに属するライヒ自動車道路(アウトバーン)と、おなじく治外法権を持つ複線の鉄道とが建設されること。

㈢ ポーランドは、ダンチッヒ地方において、おなじく治外法権を持つ通路ないし自動車道路と鉄道および自由港とを獲得すること。
㈣　ポーランドは、ダンチッヒ地方において、自国の商品の販売を保障されること。
㈤　両国民は共通の境界ないしその領土を承認し合うこと。
㈥　ドイツ-ポーランド条約は一〇年ないし二五年まで延長されること。
㈦　ポーランドは防共協定に加盟すること。
㈧　両国はその条項に協議事項を付すこと。
リプスキは、一一月一九日、今度はベルリンでリッベントロップとふたたび会見し、ポーランド外相ベックの回答を伝えた。リプスキが読みあげたベックの回答は、ポーランドはダンチッヒを手放すわけにはゆかない、ダンチッヒはポーランドにとって重要な海への出口である、というものであった。ポーランド回廊の通過権については、リプスキは個人的見解として、ポーランド側がドイツの要求を好意的に検討するであろう、と述べた。リッベントロップは、この回答に大いに不満であった。
ダンチッヒ自由市は、ポーランド回廊とともに、パリ講和会議の落とし子である。東プロイセンは、ダンチッヒ自由市と、そしてポーランドに与えられたポーランド回廊とによって、ドイツ本国から切り離された。ダンチッヒは、独立の自由市という建前ではあったが、実際にはポーランドとの結びつきが強かった。

リッベントロップは、このような、ヴェルサイユ体制の一側面について、修正を求めたのであり、これからあと、この問題をめぐるドイツとポーランドとの交渉が、大戦勃発の時までつづけられる。論争点は、最終的にはドイツ側によって、ダンチッヒ自由市のドイツへの返還と、ポーランド回廊の帰属についての人民投票の実施、という二点に煮つめられた。しかし、ドイツ側の要求がこのような形にまとまったのは、ドイツが数日中にポーランドを攻撃する用意をととのえた時であった。

❖平和最後の日

大戦勃発の前日、平和の最後の日である三九年八月三一日の出来事について、イギリスのドイツ駐在大使ネヴィル＝ヘンダーソンは、遺著『使命の失敗』（早坂二郎訳、岡倉書房）のなかに、つぎのように記している。

ドイツ政府は、表面上はその（八月三〇日の）晩の一二時まで、ポーランド全権のベルリン到着を期待していたのであるが、私はちょうどその一二時にリッベントロップと会見した。今「表面上は」といったが、それはなぜかといえば、ヒトラーにせよリッベントロップにせよ、自分がその交渉の任に当たらせられる提案の基礎を、あらかじめ承知さえしていないポーランド全権が、ベルリンに到着するなどという期待の、全く不合理であることを思いつけなかった、——などということはまさかあり得まい。……いよいよこちらのいろいろな通告を終わった後、リッベントロップは浩翰《こうかん》な文書を持ち出して、それをドイツ語で私に読み聞かせた、——いや、読んだというよりは、思いっきり軽蔑した、迷惑そうな口調で、しかもできるだけの早口で、ギャアギャア喋り飛ばしてしまった。私は、全部で一六か条あるうち、やっと六、七か条の要点だけを、しかも推量することしかできなかったが、その推量しえた部分の比較的な正確性でさえ、原文を念入りに検討して見ないことには、全然保証することができない有様であった。そこで、先方がそれを読みおえてから、私はその文書を自分で読ませてくれといった。しょっちゅう粗暴な態度を真の力と履《は》き違えているフォン＝リッベントロップ氏は、型のごとくそれを拒絶した上、いかにも軽蔑したようなゼスチュアで、その文書をテーブルの上に投げ出して、一二時までにポーランド全権がベルリンに到着しなかったのだから、これはもう時期遅れになってしまったと、吐き出すようにいった（同訳書、三二五～八頁）。

リッベントロップが早口で読みあげた一六項目は、ダンチッヒ自由市がドイツに返還されること、いわゆる回廊地方の住民は、ドイツとポーランドのいずれに所属するかを人民投票によって決定すること、英仏ソ伊四国によって構成される国際委員会が人民投票を監視すること、決定は単純多数決によること、票決に敗れた側は、治外法権のある交通路を獲得すること、などを骨子としていた。ヘンダーソンはいう。

その晩私は、平和への最後の望みは消えうせたことを覚《さと》って大使館に帰ってきた。けれども、深更二時にポーランド大使の来訪を受けて、リッベントロップとの会談の内容を、客観的に、かつ学究的な穏健さをもって報告した。ドイツ提案中の二大眼目は、ダンチッヒの割譲と、回廊地域における人民投票であるということ、私の推測しうる限りにおいては、その提案は大体不合理過ぎるものではないことを述べ、更に大使に対して、即刻リッ゠シミグウィ元帥とゲーリングとの会談を提議するよう、ポーランド政府に勧告されたいと提案した。私は、リッベントロップ外相相手の会談では、どんな交渉も成功の見込みはない、ということを付言する義務を感じた。リプスキ氏は、政府に対してその通り勧告しようと約束したが、とにかく今となっては、恐らく急場に間に合わないであろう。事実、ヒトラー氏として考えうる、暴力に対する代案は唯一つしかなかった。それはポーランド全権がオーストリア首相シュシュニック博士や、チェコのハーハ大統領の先蹤《せんしょう》に従い、鞠《きっ》躬如《きゅうじょ》として彼の許《もと》に出頭しアドルフ゠ヒトラーの栄光を一層偉大ならしむるために、点線の上に署名することであった。しかも、それさえ、即刻実行しなければならなかった。それは、ヒトラーの軍隊はもどかしそうに、「イエース」か「ノー」かの最後の断をせまりつつあるからである（同訳書、三二〇～一頁）。

八月三一日朝、ヘンダーソンはドイツ側要求の細目を入手してリプスキに伝えた。リプスキは、この夜、リッベントロップと会見したが、ヒトラーはもはやポーランドとの直接交渉を望んでおらず、会談は数分間で終了した。リプスキはワルシャワの本国政府に電話をかけようとしたが、電話回線はもはやドイツ側によって切断されていた。

❖世界大戦勃発

三九年九月二日付けの東京朝日新聞夕刊は、ベルリン一日発同盟通信社電報として、つぎの記事を第一面のトップに掲げている。

ヒトラー総統は、一日朝果然独国防軍に対し実力行使を発令した。右非常命令要旨左の通り「ポーランドは善隣関係を確立せんとする余の努力を拒絶し武力に訴へるの挙に出でた。ポーランド領内の独人は今や流血暴虐の犠牲となりその家を追われるに至った。打ち続くポーランドの国境侵犯は最早《もはや》大国として忍びえざるに至りポーランドが最早我が国境線を尊重せざることは明瞭となった。余は総ての独人が全力を盡して各自の義務を果たさんことを期待する。爾等《なんじら》は常に国家社会主義大ドイツを代表するものなることを忘れることなかれ。ドイツ民族、ドイツ帝国万歳」

その左には、ベルリン一日発同盟至急報として「ヒトラー総統は一日朝ドイツ国防軍に対し指令を発し武力に対しては武力を以て対抗せよと命令した」とあり、全体の見出しは「武力には武力で対抗、独、遂に実力行使発令」とある。

ドイツ政府は八月三一日午後九時一五分ラジオを通じてポーランドおよびイギリスとドイツとの交渉の経緯と、ポーランドに対する一六項目の要求とを、一方的に発表し、二日の東京朝日新聞夕刊は、一六項目の全文を掲げている。また、紙面中央には、「三一日午後八時（日本時間一日午前四時）正規軍の支援を持つポーランド側便衣隊は上部シレジアのグライヴィッツに侵入し同市放送局を占拠その他二か所において越境し来り目下独波両軍は国境において激戦中である」、とあるが、この、グライヴィッツ放送局襲撃事件が「ヒムラー作戦」といわれるドイツ側の謀略によるでっち上げであったことはこんにち明白となっている。

九月三日、英仏両国は、ポーランドに与えていた保障に基づいてドイツに宣戦を布告し、ここに第二次世界大戦が勃発した。

❖ソ連への働きかけ

ドイツ政府は、ソヴィエト政府とのあいだに、独ソ不可侵条約の秘密付属議定書の第二項によって約束が成立していた、ポーランドの二分割を、はやく実現しようと焦り、しきりにソヴィエト政府に働きかけた。これにより、ソ連を自分の陣営に抱き込み、独ソ協調が動かしがたい既成事実であることを、英仏側に印象づけようとしたものと思われる。一七九五年の第三回分割につぐ「第四回」ポーランド分割は目前にせまっていた。

リッベントロップが九月三日にベルリンから発信させた訓令は、モスクワ駐在ドイツ大使シューレンブルクに、ドイツは二、三週間以内にポーランド軍を決定的に敗北させることは確実である、と述べ、モロトフと、ソ連の勢力圏のなかにあるポーランド軍に対し、ソ連が軍事行動をおこして、ソ連勢力圏を占領してくれるかどうか、ただちに協議するよう求めていた。モロトフは、九月五日、シューレンブルクに、ソ連政府は、適当な時期に具体的行動を開始することが絶対に必要だという点では、ドイツ側と同意見であるが、その時期はまだ来ていない旨、回答している。

モロトフは、九月八日、シューレンブルクに、電話で、「ドイツ軍のワルシャワ入城に関する貴下の通報を受理した、ドイツ政府に私の祝詞と挨拶とを伝達されたい」旨のメッセージを伝えている。ついでモロトフは、九月一〇日、ソ連政府はドイツ軍の予想外に急速な成功におどろいており、はじめ二、三週間を要するというドイツ側からの通報を受けていたので、まだ数週間の余裕があるとみていたが、ポーランド軍の潰滅までにそのような余裕は残っていないので、赤軍の進攻の準備にあと二、三週間を要するソ連側としては困っている、とシューレンブルクに語った。また、モロトフは、ポーランド進攻の口実として、ドイツによって「脅威を受けている」ウクライナ人および白ロシア人を救助する、と宣言するつもりであったが、この便法は、ブラウヒッチュ中将の声明によるとドイツ東部国境における軍事行動はもはや必要がなくなった、という昨日のドイツ側報道によって封じられてしまった、とシューレンブルクに語っている。ソ連側が、大衆を納得させる干渉の口実を探すのに苦労していた様子がここにありありとうかがわれる。

しかし、ドイツ側としては、このような理由を干渉の口実に使われるのはとんでもない話であった。九月一五日の訓令で、リッベントロップは、シューレンブルクに対して、ドイツによるウクライナ人および白ロシア人への脅威を干渉の動機となすことは、よく知れわたっているドイツの勢力範囲を実現することだけに限定している、ドイツの真の意図に反するものであり、モスクワでの取り決めにも反し、結局独ソ双方が表明した友好関係への希望にも反して、両国の敵対関係を世界に向かって暴露するものであるから、およそ問題にならない、と述べている。

シューレンブルクあてのこの訓令のなかで、リッベントロップは、独ソの軍事作戦の調整をはかる必要上、両国政府代表および両国将校が、空路ビアリストクに集合することを提案しており、いよいよソ連の介入が秒読みの段階にはいりつつあることを予想させていた。

❖スターリンの決断

スターリンの決断は、三九年九月一七日にくだされた。この日午前五時二〇分モスクワ発のシューレンブルク大使の至急電報はこう伝えている。

スターリンは私を午前二時に招き、モロトフおよびヴォロシーロフ列席のもとで、赤軍が今日午前六時に、ポロックからカメネツ-ポドルスクに至る全線にわたってソ連国境を越えるであろう、と言明した。

突発事故を避けるため、スターリンは、ドイツ空軍が本日以降ビアリストク――ブレストｰリトフスク――レンベルクの線を東に向かって飛行しないよう切望した。ソ連空軍はすでに本日、レンベルク東部の爆撃を開始するであろう。

私はドイツ空軍にこのことを通告することについては最善をつくすと約束したけれども、時間が切迫しているので、ソ連の飛行機が本日、前述の線にあまり接近せぬように求めた。

ソ連の委員は、明日か、おそくとも明後日ビアリストクに到着するであろう。

こうして、赤軍のポーランド侵攻が開始されたが、翌一八日、スターリンはシューレンブルクに向かって、ピッサ――ナレフ――ヴィストゥラ――サンの線を越えて進撃しているドイツ軍が、独ソ不可侵条約で決められたこの線まで引き下がるかどうかにソ連側は疑いを抱いている旨を明らかにした。九月二六日に、スターリンは、協定の線より東側にはみ出しているドイツ軍占領地域について、ルブリン州全部と、ワルシャワ州のうち、ブグ川までのびている部分とをドイツに与えるかわりに、リトアニアをドイツがソ連に与えるよう提案した。二七日、この問題の交渉のために飛行機で再度モスクワを訪れたリッベントロップは、二七、二八の両日にわたって、スターリンやモロトフと会見し、二八日には深更におよぶ話し合いを行って、二九日午前五時、リッベントロップ、モロトフの両人は、「独ソ境界ならびに友好条約」なる九月二八日付けの文書に調印した。ここに、先にスターリンが提案した、占領地の物々交換が実現したのである。こうして、独ソ不可侵条約の秘密付属議定書の第一項と第二項とで決められた独ソの境界線は、ポーランドにおいてはドイツがより深く東へ切り込む代わりに、ソ連はエストニア・ラトヴィアに加えてその南のリトアニアを自国の領土に加えるというかたちで、修正がなされた。いずれにせよ、ロシア、プロイセン、オーストリアの三国による一八世紀後半のポーランド三分割から一世紀半を経て、ポーランドはふたたび独ソ両国によってこんどは二分割されたのである。

第二次世界大戦終了後も、ソ連との国境線はあまり変わっていない。再興されたポーランドは、ナチス-ドイツの消滅によって、西半分をふたたび回復したが、大戦前のポーランドの東半分に相当する部分は、もはや回復できなかった。ソ連の勢力範囲、いわゆる「鉄のカーテン」のなかに取りこまれたポーランドは、東半分を失った代わりに、西に進出することを許され、旧ドイツ領のうち、旧国境線からオーデル河とナイセ河の線までの部分を、自国の領土として獲得した。ポーランド国境の西方移動といわれるものがこれである。この結果、ドイツは東側のかなりの部分をけずられることとなり、その上に東西に分割されたから、東ドイツは薄べったいものとなった。戦後三〇年近く、西ドイツは、政府の公式見解として、来るべき統一ドイツのポーランドとの国境線は、オーデル・ナイセ線ではなく、一九三七年現在の両国の国境線でなければならない、との立場をとりつづけた。そのため、西ドイツとソ連や、とくに西ドイツとポーランドのあいだは、ずっと緊張したにらみ合いの関係がつづいてきた。

このような西ドイツの立場に大きな修正をもたらしたのが、ブラント西ドイツ首相の新しい東方政策である。ブラントは、一九七〇年八月一二日、モスクワで、独ソ武力不行使条約に調印した。この条約をめぐって、西ドイツ国会はもめぬいたが、七二年五月、きわどいところで批准された。与党と野党との差はわずか数名であった。このあと、ポーランドと西ドイツとのあいだにも同様の条約が結ばれた。これらの、いわゆる東方条約によって、西ドイツは、オーデル・ナイセ線を事実上承認し、国境線修正の目的で武力に訴えることをしない旨を世界に向かって約束したのである。

独ソ戦終了後のソ連とポーランドとの国境線は、一九二〇年にイギリスの外相ジョージ＝

カーゾンの案出した「カーゾン線」を基礎にしている。この線は、ブレスト-リトフスクからほぼ二〇〇キロ垂直に南下する部分が主軸であり、この部分ではブグ川を規準にしていた。そこで、おなじくブグ川を境界とした「独ソ境界ならびに友好条約」による独ソの国境線とも、結果的にほぼ一致することになる。ポーランド大統領ピウスツキーは、「カーゾン線」に満足せず、革命直後のソ連と開戦し、二一年のリガ平和条約で、「カーゾン線」以東の広大な土地をソ連から奪ったが、ポーランドは、四五年夏のポツダム会談の結果、この部分を放棄した（阪東宏編『現代ポーランドの政治と社会』、日本国際問題研究所）。東西ドイツ再統合のあともこの国境線には変化はない。

ヨーロッパ制覇

❖和平のよびかけ

ポーランドにおける独ソ両国の軍隊の作戦が終了したあと、ヒトラーは、英仏両国に和平のよびかけを行った。すなわち、一九三九年一〇月六日の国会演説で、ヒトラーは、ヨーロッパ諸国は、独ソのポーランド征服の結果、独ソ両国が、ポーランドという紛争源をかたづけて、そこに平和的発展が行われる地域を設立したことに感謝すべきである、と述べ、未解決の諸問題を討議するために、ヨーロッパ諸国は、大砲の撃ち合いをやめて、国際会議に参加すべきである、と説いた。ここでヒトラーが、ドイツにとってポーランドの処理と消化は五〇年ないし一〇〇年の課題である、と述べ、独ソ両国によるポーランド分割の恒久化を予告したことは注目される。未解決の諸問題としてヒトラーがあげたものは、ポーランド処理のほかに、ドイツの植民地所有、国際貿易の復活、軍縮、空中戦や毒ガスならびに潜水艦についての規制などであり、また、民族問題としては、ユダヤ人問題と少数民族問題があげられていた。これらの項目についてひとわたり触れたあと、ヒトラーはこう叫んだ。

西部戦線において現状を維持してゆくことは考えられない。（現状では）毎日、ますます多くの犠牲が要求されている。多分いつか、フランスははじめザールブリュッケンを砲撃し、これを破壊するに至るであろう。ドイツの砲兵隊はその仕返しにミュールハウゼンを破壊するであろう。そうなるとフランスはふたたび仕返しにカールスルーエに砲火をあびせ、ドイツはシュトラスブルクを砲火にさらすこととなろう。そうなれば、フランスの砲兵隊はフライブルクに向かって砲撃を行い、ドイツの砲兵隊はコルマールかシュレットシュタットに向かって砲撃を行うであろう。その時には、より遠距離までたまのとどく大砲が注文され、双方に対して破壊はますます深くはいり込み、長距離砲でももはや達成できぬ目標は、飛行機が爆撃するようになるであろう。このことは、国際ジャーナリズムのあるものにはきわめて面白いであろうし、飛行機や武器、軍需品などの製造業者には大いに利益になるであろうが、犠牲者にとってはひどく不快なことになるであろう。

そしてこの戦いは大陸に限定されないであろう。それは海を越えてひろがるであろう。今日、孤立した島というものはもはや存在しない。そして、ヨーロッパの民族資産は手榴弾により爆破され粉々になってしまうであろうし、民族の能力は戦場で血となって流れ去るであろう。しかしいつの日かドイツとフランスとのあいだには、やはりふたたび境界線が設定されるであろう。そのときには、繁栄する諸都市にかわって、廃墟と、はてしない墓地とがひろがることとなろう。

この私の見解を、チャーチル氏とその党派の方々が、弱さないしいくじ無さと解釈することはいっこうにさしつかえない。私は、これらの人々の意見にかかずらわる必要はない。私は、私が当然のことながら私の国民からこの苦しみを取り除くことを欲するが故にのみ、この宣言を発するのである。しかし、チャーチル氏やその追随者の方々の見解が大勢を制するとするならば、この宣言はまさしく私の最後の宣言となるであろう。そのときには我々は戦うであろう。武器の力も時間も、ドイツを制圧することはできない。一九一八年一一月はドイツの歴史においてはもはやくりかえされぬであろう。わが国が崩壊するという期待は無邪気な期待である。チャーチル氏は、イギリスが勝つと確信しているかもしれない。私は、ドイツが勝つことを、一秒たりとも疑わない。運命は、誰が正しいかを決定するであろう。ひとつのことだけは確実である。世界史のなかでは、かつて二人の勝者が存在したためしはなく、しばしば敗者のみが存在した。すでに前の戦争においてもそうであったように思われる。

私と同一の見解を抱く諸民族とその指導者たちは、いま発言してほしい。また、戦争のなかでよりよい決着をつけなければならないと信じている諸民族とその指導者たちは、私のさしのべた手をはらいのけるがよい。ドイツ民族の指導者ならびにライヒ宰相として私はこの瞬間に、主なる神に、我々の権利をめぐる最初の困難な戦いにおいて神が我々にかくもすばらしい祝福を与えてくれたことをひたすら感謝しうるのみである。そしてまた、神が我々と他のすべての人々に、そこではドイツ民族のみならず全ヨーロッパに平和の新しい幸福が分与されるような正しい道を見出さしめるよう、ひたすら神に懇願しうるのみである。

この演説のなかでヒトラーが、チャーチルと他のイギリスの政治家とを区別していることは、ヒトラーが、対独強硬論者として一貫しているチャーチルには期待していないが、ミュンヘン会談で一度ヒトラーに全面的に譲歩したことのあるイギリス首相チェンバレンには期待を寄せていたことを物語るものと思われる。ヒトラーのこの期待が今回は満たされぬことが、まもなく明らかになった。チェンバレンはイギリス下院で一〇月一二日に演説を行い、ヒトラー演説が、チェコスロヴァキアおよびポーランドに対して加えられた不正を正す、なんらの示唆も含まれていないことを指摘し、ヒトラーの和平の申し出を拒絶した。

❖奇妙な戦争

ヒトラーは、一方で和平のよびかけを行いながら、他方で戦争の準備をどしどし進めていた。一〇月一〇日、ヒトラーは将軍たちを召集して、平和の見通しが立たなければ、西部戦線で攻勢に出る決意を表明した覚書を読んで聞かせたあと、戦争遂行に関する一〇月九日付け指令第六号を発表した。西部戦線での戦闘が活発となるのは必至であり、あとは、いつそれが始まるかという問題だけが残っていた。しかし、なおしばらく西部戦線は静かであった。

東部戦線でドイツ軍がポーランドを破ったあとも、西部戦線では、戦闘らしい戦闘はひとつも行われていなかった。フランス軍は、全然攻撃に出てこなかった。ドイツ軍も、ヒトラーの進撃命令を待っていた。そこで、三九年九月から四〇年初夏まで、独仏両軍は西部戦線でただにらみ合ったままであった。ときには、にらみ合った両軍のざんごうのあいだで、チョコレートとボンボンとを投げ合って交換するというような、大戦下では考えられぬ程のどかな場面も見られた。この時期の局面をさして、戦争らしからぬ戦争という意味で「奇妙な戦争」(フォニー-ウォー)という。

ヒトラーが攻撃に出るのを忘れていた訳ではない。ただ、ヒトラーは、攻撃の開始を一寸きざみに延期した。ドイツ国防軍の将軍たちは、フランスとの戦争に反対であり、陸軍参謀総長ハルダーを中心とする幹部は、ひそかに、ヒトラーを暗殺して戦争を回避する策を練っていたが、陸軍司令長官ブラウヒッチュの優柔不断によって、その機会を逸してしまった。

三九年一一月二三日、ヒトラーはふたたび将軍たちを召集して、ベルギーとオランダとの中立をおかして英仏を攻撃する決意を述べた。

❖マンシュタイン作戦

一九三九年一一月三〇日から四〇年三月まで、ソ連とフィンランドとの戦争が戦われたが、西部戦線のほうは依然静まりかえっている。ところが、四〇年四月九日、ヒトラーは突然、西部戦線の北方で行動をおこし、デンマークとノルウェーに対する電撃作戦を開始した。デンマークはたちまち屈服し、ノルウェーは英仏連合軍の援助を得て大いに抵抗したが、結局、六月一〇日、ドイツに降伏する。

これより先の五月一〇日、ヒトラーは西部戦線そのものにおいて、ついに攻撃の火ぶたを切った。ドイツ軍の三つの軍集団といわれるもののうち、B軍集団は、宣戦布告なしに、この日、中立国のオランダとベルギーとに攻め込んだ。しかし、作戦の眼目はA軍集団にあった。A軍集団は、フランス側が予想もしなかった地点、すなわち、ベルギー東南のアルデンヌの森林地帯に突入した。正統派の兵学では、森林は兵を呑む、といわれており、森林地帯で大規模な軍事行動を行うのは禁物とされている。現に、ソ連とフィンランドとの戦争で、カレリアの森林地帯に攻め込んだソ連赤軍の大兵力は、訓練をつんだフィンランドのスキー兵にさんざんてこずらされている。フランス側は、ドイツ軍が、アルデンヌの森林地帯から行動をおこすとは夢想だにしていなかった。

ヒトラーは、ルントシュテット元帥の指揮するA軍集団の参謀長で、一九七三年に没した、エーリッヒ＝フォン＝マンシュタイン中将（のち元帥）の献言を採用し、その結果、大勝利を収めたのである。三九年秋、ハルダー参謀総長の立てていた西部戦線での作戦計画は、第一次世界大戦のとき一度実行され、計画通りには到底ゆかぬことが証明済みの「シュリーフェン計画」の、拙劣な焼き直しに過ぎなかった。「シュリーフェン計画」は、フランスとロシアとの二正面作戦を想定し、まずフランス軍を六週間で潰滅《かいめつ》させるために、ドイツ軍右翼に兵力を集中し、この強力な右翼の力で、比較的抵抗の少ないベルギーを突破して北フランスへ一気に攻め込むことを考えていた。一三年に没したドイツ陸軍参謀総長シュリーフェンは、ロシアについては、ドイツ軍の総力の八分の一をあて、これでロシア軍の西進をくいとめておいて、フランス軍を包囲殲滅《せんめつ》したあと、ドイツ軍の総力をあげてロシア軍をたたきつぶすことを予定していた。

ところが、二〇年たった今回の戦争では、イギリス・フランスの両軍はもちろんのこと、べルギー軍さえも、第一次世界大戦当初よりは相対的にはるかに強化されており、かつて「シュリーフェン作戦」が予定したような、ハンニバルのカンナエの戦いを範とした包囲殲滅戦は、到底実現しようがなかった。この点に気づいたのがマンシュタインである。

マンシュタインは、進攻するドイツ軍の右翼でなしに、中央部で、ルクセンブルクと南ベルギーとを迅速に突破してフランス北部を西へ進むという作戦計画を立案する。ルントシュテットは、この案を支持したが、ハルダーの反応は冷たかった。しかし、ヒトラーの副官シュムントが、たまたまマンシュタイン案のことを聞き込み、四〇年二月四日、ヒトラーに報告した。ヒトラーは、大いに関心を示し、マンシュタインを会食に招いてその意見を聴取し、マンシュタイン計画を採用する。マンシュタインの本来の意思は、すぐれた作戦計画をヒトラーに提出し素人の作戦計画をかえさせることができれば、ドイツ陸軍のヒトラーに対する発言権を増大させることができる、というところにあったようである。しかし、この点ではマンシュタインは失敗した。戦史研究家の水島龍太郎氏は、『歴史と人物』(中央公論社)一九七三年九月号に載せられた「マンシュタイン元帥とヒトラー」という論文のなかで、「四〇年五月、マンシュタイン案に基づいて行われたフランス進攻作戦が、戦史に輝く名作戦であることは、今や誰しも異論はないであろう。しかしながら彼が最初にねらった陸軍総司令部の権威の回復ということは、ナチスの鮮やかな宣伝によってすり変えられ、作戦自体がヒトラーの『不世出の軍事的天才』によるとされたことは、何とも皮肉な結末である」、と述べている。

❖フランス制圧

A軍集団は、アルデンヌの森を突破して、ドーヴァー海峡をめざして西へ西へと急いだ。五月二一日、ドイツ軍戦車部隊は、ドーヴァー海峡に達し、敵軍を二分することに成功した。このとき、ドーヴァー海峡に面したダンケルクまで、A軍集団が突進していれば、イギリスの大軍はここで全滅したであろう。しかしながら、ヒトラーは、ダンケルクの直前一〇キロの地点に達していたA軍集団に、五月二四日、進撃中止を命令した。おかげでイギリス軍は、ダンケルク撤収作戦を完遂し、多数の兵員を救出することができた。「ダンケルクの謎」といわれるこの出来事が、ヒトラーがイギリスと和平を結ぶことを意図したものによるものか、あるいは、ダンケルク付近の沼沢地帯での作戦を回避する意図に出たものか、または他の原因があったのか、そのあたりはいまだに十分には解明されていない。

ペタン元帥を首班とするフランスの新政府は、ヒトラーに休戦を申し入れ、六月二二日、パリ郊外のコンピエーニュの森に、ヒトラー自身がおもむいて、休戦協定が調印された。ここは、一八年一一月、第一次世界大戦の休戦協定が調印された地点であり、ヒトラーはわざわざ、二〇年前に調印が行われた寝台車を博物館からひき出させ、そこで調印式を行った。ヒトラーの生涯における、もっとも得意な瞬間であり、調印式を終えたヒトラーの目には涙が浮かんでいたという。

戦いに敗れたあと、フランスは、ドイツの支配下にはいる。ヒトラーは、フランスを二つにわけ、北部をドイツ軍の直接占領下に置き、南部は、ペタン元帥の、ドイツに協力する、ヴィシーを首都とする政権にゆだねて、間接的に統治した。フランス国内で、ナチス-ドイツの支配に抵抗するレジスタンス運動が組織され、ドゴールの亡命政権がこれに呼応する一方で、積極的にナチス-ドイツに協力してゆこうとする「コラボラトゥール」(協力者)も輩出した。これら「コラボラトゥール」のなかでも注目をひく人物は、かつてモーリス=トレーズとならんでフランス共産党の輝ける指導者であったジャック=ドリオ(一八九八〜一九四五)である。

フランスは屈したが、イギリスは屈しなかった。ヒトラーが西部戦線における攻撃を開始した五月一〇日、ノルウェー作戦失敗の責任を問われてチェンバレンは辞職し、翌日、チャーチルを首班とする、保守・労働両党の連立内閣が成立した。

❖上陸作戦から爆撃作戦へ

アメリカの歴史学者G=L=ワインバークは、『ドイツとソ連、一九三九——一九四一年』(一九五四、再版七二)のなかで、対英戦についてヒトラーが発した二つの指令を比較して、そのニュアンスの相違に注目している。四〇年七月一六日の、統帥部指令第一六号では、ヒトラーは、「イギリスが、その、軍事的には絶望のほかない状況にもかかわらず、いまなお交渉に応ずる何等の意思表示をしていないが故に、余は、イギリスに対する上陸作戦を準備すること、そしてもし必要とあればこの作戦を実行することを決意した……全作戦の準備は八月なかばまでには終了していなければならない」、と述べている。これに対し、八月一日の、統帥部指令第一七号では、ヒトラーは、「イギリスを最終的に打破するための基礎を準備するために、余は、イギリス本土に対する空と海との戦闘を強化することを意図している」、と述べた（同書、一〇六〜七頁）。「上陸作戦を準備する」という表現と、「最終的に打破するための基礎を準備する」という表現とのあいだには、大きな開きがあることはいうまでもない。後者の表現は、前者のそれよりも、はるかに後退しており、消極的になり、弱気になっている。

英本土上陸作戦は、ドイツ海軍軍令部において、三九年一一月以来研究が進められていた。四〇年五月二一日、ヒトラーと、海軍司令長官レーダーとは、この計画を討議している。しかし、ノルウェー作戦で、ドイツが、結局勝利を収めはしたものの、巡洋艦三、駆逐艦一〇を沈められ、巡洋戦艦二、駆逐艦八が大破させられるという手痛い損失を被ったため、ドイツ海軍に残された戦力は、重巡洋艦二、軽巡洋艦二、駆逐艦四にとどまった（この数字は、原種行著『第二次世界大戦』〈人物往来社「世界の戦史」第一〇巻〉による）。

このように劣勢なドイツ海軍が、優勢なイギリス海軍の守備するなかをドーヴァー海峡を突破してイギリス本土上陸を実行することは、いかなヒトラーでも、不可能と考えるほかなかった。そこで、ヒトラーとしては、ドイツの空軍にたより、イギリス本土空襲によって「イギリスを最終的に打破するための基礎を準備する」ほかなかったのである。

四〇年七月一九日にヒトラーがイギリスによびかけた、最後の和平提案を、イギリス側はただちに拒否し、ヒトラーを大いに失望させた。もはや、ヒトラーとしては、ドイツ空軍を動員して、英本土爆撃作戦を徹底的に遂行する以外の手段はなかった。空軍元帥ゲーリングによる「ワシ作戦」は、八月一三日から開始される。

ヒトラーも、また、ブラウヒッチュやハルダーのようなドイツ陸軍の首脳たちも、なぜイギリスがこれほど頑強に抵抗するのか、理解ができなかった。七月一三日、三者が会談したとき、三者とも、イギリスがソ連の参戦に期待していることが、イギリスの戦意を支えているのだ、という結論において一致した、と同日付のハルダーの日記は伝えている。七月一九日の和平提案に対するチャーチル首相の拒否は、このようなヒトラーの見方を一層強めたものと思われる。

❖対ソ戦計画

ヒトラーは、七月二一日、ブラウヒッチュら軍首脳とあらためて協議した。この席で、ヒトラーは、イギリスが抵抗をつづけるのは、アメリカとソ連とをあてにしているからだ、と断定し、ソ連と開戦する決意であることを明らかにしている。ヒトラーは、この時点では、対ソ戦を一九四〇年秋に開始しようと考えていたらしいが、陸軍の高官たちの意見を打診した結果、これは無理であることを知り、四一年春まで開戦を延期することに賛成するに至ったようである。二一日から二九日まで、ヒトラーはカイテルやヨードルと協議をつづけた。

カイテルやヨードルはヒトラーに、陸軍兵力の集結には長い時間がかかり、物資の輸送や補給の能力もまた、十分ではないので、四〇年秋に独ソ戦を開始することはできぬ旨を説きかせ、その限りでは説得に成功している（ワインバーグ前掲書、一一二頁）。しかしながら、ヒトラーに独ソ戦を思いとどまらせなかったという意味では、説得は中途半端なものにとどまった。かえって、ヨードルは、四〇年八月九日付けで、ドイツ東部における物資の輸送および補給を改善するための「東部建設（アウフバウ-オスト）」命令を発しているのである（カイテルらの職能については71頁参照）。

ハルダーの日記は、戦時中のヒトラーの動きや、ヒトラーと軍首脳との交渉の実態を知る上には、またとない貴重な史料である。そのハルダーの日記が伝えるところでは、ブラウヒッチュとハルダーとは、七月三〇日夜会見して、ヒトラーが七月二一日に彼らに示した対ソ作戦計画を検討し、つぎのような共通の見解に到達した。

海軍はおそらく、我々に、今秋、イギリス上陸成功の前提をつくり出してくれることはないであろう。……イギリスに対する決定（的勝利）が獲得されず、イギリスがソ連と同盟を結ぶ危険が存続する場合に、そのとき生ずるはずの二正面作戦を、まずソ連を敵として遂行してしまうべきではないか、という問いに対しては、ソ連と友好関係を保ったほうがよい、と答えなければならない。（ダーダネルス・ボスポラス）両海峡やペルシア湾の方面へのソ連の進出の努力は、我々にとって無害である。経済的には我々の勢力範囲にはいるバルカンでは、我々はソ連との衝突を避けることができる。イタリアとソ連が地中海で傷つけ合うことはないであろう。このような前提条件のもとでならば、我々はイギリスに対し、地中海で決定的な攻撃を加え、これをアジアから放逐し、イタリアに対してその地中海帝国の建設を助け、我々自身、ソ連の援助を借りて、西部および北部ヨーロッパにつくられた帝国を完成させることができる。そうなれば我々は、イギリスとの何年間にもわたる戦争にも安んじて直面することができる。

ブラウヒッチュとハルダーの両人は、対ソ戦は、ソ連がはっきりイギリスと同盟を結び、ドイツが英ソに対する二正面作戦を強制された場合にのみ、考慮に入れられるべきものと考え、しかも、このような英ソ軍事同盟の実現を阻止することこそ、政治家の任務である、と考えた。

にもかかわらず、ヒトラーは、まさに、対英ソ二正面作戦を、ドイツの側から、ソ連が果たしてイギリスと同盟を結ぶかどうかもわからぬうちにわざわざ誘発しようとした。ヒトラーは、このような意向を、ブラウヒッチュとハルダーが、対ソ戦をくいとめなければならないとする点で意見の一致を見た七月三〇日の翌日である三一日の会談で表明する。しかも、ブラウヒッチュもハルダーも、ヒトラーの、二正面作戦をこちらから触発しようとする計画を阻止することには成功しなかったのである。

Ⅲ

東京・モスクワ・ベルリン

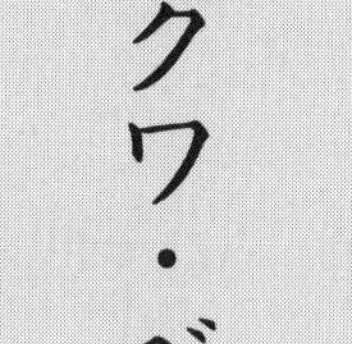

ベルヒテスガーデン会談と荻窪会談

❖英本土上陸作戦

ヒトラーは、一九四〇年七月三一日、ベルヒテスガーデンの山荘に軍首脳部を招集し、はじめて、対ソ開戦の決意を明確なかたちで明らかにした。この意味で、この日の会談は、第二次世界大戦の歴史において重要な意味を持つものと思われる。アメリカの歴史学者ワインバーグなどは、この日にヒトラーの対ソ戦計画が確立されたと考えられるので、この会談が決定的な重要性を有するとして、これを最大限に重視する。これに対し、ワインバーグのこのような見方は事実を見誤ったものであり、ヒトラーが対ソ戦を決意したのはこれより数か月あとの一一月から一二月にかけてであったという強い反論が、アンドレアス＝ヒルグルーバー、フィリップ＝W＝ファブリといった当時の西ドイツの歴史学者から提出されている。ともあれ、この日の会談の内容を眺めてゆくことにしたい。

この日にヒトラーが山荘によび集めた軍首脳は、陸軍から、ヴィルヘルム＝カイテル、アルフレート＝ヨードル、ワルター＝フォン＝ブラウヒッチュ、フランツ＝ハルダー、海軍から、エーリッヒ＝レーダーと、そしてヒトラーの海軍副官イェスコ＝フォン＝プットカマーという顔ぶれであった。会議は、午前一一時半に始められた。ヒトラーはひどい朝寝坊であったから、早朝から会議を始めることを許さなかったのである。

まず、海軍司令長官レーダーが、種々の理由をあげ、英本土上陸作戦を、四〇年秋ではなく四一年春に延期すべき旨を主張した。レーダーは例えば、朝の薄明のなかで上陸作戦をやるためには、夜に海峡を渡っておかなければならないが、暗夜には偵察ができないから、少なくとも三日月の夜を選ばなければならず、そうなると、八月二二〜二六日か九月二二〜二六日しかない、と主張する。レーダーによれば、八月には準備が間に合わず、九月は通常天候が悪い。レーダーは、このような理由をならべて、英本土上陸作戦の延期を進言している。レーダーに、上陸作戦をやる気がないことは明らかであり、ヒトラーもさしてこの作戦に執着を示していない。その底にあるのは、三日月がどうこうといったたぐいの細かい配慮ではなく、イギリスの一五パーセントに落ちた、ドイツの海軍力の弱体ぶりであった。駆逐艦に至っては、ドイツは、イギリスの八パーセントの戦力しか持っていなかった。ノルウェー作戦で、イギリスの巡洋戦艦「リナウン」の砲火を浴びて破損した、「グナイゼナウ」と、「シャルンホルスト」の二隻のドイツ巡洋戦艦の修理が四〇年冬にはできそうだという話題も出るが、ベルヒテスガーデンに集まった一同の気勢はあがらなかった。

結局、ヒトラーは、英本土上陸作戦の準備はつづけるが、四〇年九月後半に、それが実行できるかどうかは、ドイツ空軍の英本土空襲がどのような成果をあげうるか、その成果を見てからにしよう、という決定をくだす。もし、空襲の成果があがらなければ、上陸作戦は四一年五月まで延期されることになった。

❖イギリスの希望、ロシアをたたけ

より重要なのは、そのあとの、対ソ戦をめぐるヒトラーの発言である。この発言は、ハルダーの日記にはっきりと記録されている。これまでもハルダーの日記を本書の叙述のなかに引用してきたが、膨大なハルダーの日記は、ヒトラーの戦争指導と、軍部のこれに対する反応とを知る上で、極めて貴重な手がかりになる。そして、三巻にまとめられたハルダー日記の記述のなかで、それが決定的に重要な史料となると思われるのは、四〇年七月三一日の、ヒトラーの対ソ戦をめぐる発言を記録した部分である。少なくとも、ワインバーグは、そう確信している。このように、七月三一日のハルダー日記の記述を重視するワインバーグの立場は、彼を批判する歴史学者からは、はげしい論議の的にされている。

ハルダーの記述によれば、ヒトラーは、「イギリス本土上陸作戦が遂行されないものと仮定してみよう」、という前提のもとに、つぎのような議論を展開する。ヒトラーによれば、この場合には、情勢がイギリスにとって好転する方向に向かうという期待をイギリスに抱かせる諸々の希望を取り去ることが必要である。戦争そのものは、ドイツの勝利に終わっている。フランスは、落伍して、イギリスを側面から援助することができなくなった。イタリアは、イギリスの軍事力を釘づけにしている。潜水艦による戦争と、飛行機による戦争は、戦局を結局のところは決定的に左右することができるであろうけれども、一ないし二年の時間を必要とする。イギリスの希望は、ソ連とアメリカとにある。ソ連にかけた希望が消えてしまえば、アメリカもまた消えてしまう。なぜならば、ソ連の脱落は、東アジアにおける日本の価値をひどく増大させるからである。

このように述べてきたヒトラーは、ここで、「ソ連は、イギリスとアメリカとが日本に向かってふりかざす剣である」と述べ、「ソ連は、イギリスがもっとも当てにしているファクターである」と断定する。ヒトラーによれば、ソ連が、ドイツの強大化を望んではいないのだという意向を洩《も》らしでもしようものなら、イギリスは、すぐそれに飛びつき、おぼれるものがわらにもすがるように、六か月ないし八か月頑張れば、ソ連のおかげで情勢が完全に変化するであろう、というような希望に胸をふくらませるのである。しかしながら、ソ連が打倒されると、イギリスの最後の希望も消滅し去るであろう。その暁には、ヨーロッパとバルカンとの支配者はドイツなのである。かくてヒトラーは、四一年春にソ連を討つ、という決断をくだす。ヒトラーによれば、「我々が、ソ連を打倒するのは、早ければ早いほど良い。作戦は、我々がソ連という国家を一撃のもとにたたきつけるときにのみ意味を持つ」。作戦の開始は、四一年五月と定められ、作戦遂行には五か月を要する、とされた。

このあとヒトラーは、具体的な作戦計画を開陳している。それによれば、キエフとモスクワとを同時に攻撃し、攻め込んだドイツ軍をあとで合流させることが計画されており、また、そのあとバクーの油田地帯で局地的な作戦を行い、のちに、ウクライナや、白ロシア、バルト諸国をドイツに併合する、作戦には一二〇個師団を動員する、というものであった。

❖日本への期待

ヒトラーが「ホスバッハ覚書」のなかで示している日本への漠然とした期待を、リッベントロップは、「総統のためのメモ」のなかで、より具体的なかたちで展開してみせた（57頁以下）。そして、このような日本への期待を、四〇年七月三一日のベルヒテスガーデン会談で、ヒトラーはあらためて確認している。日本はアメリカを牽制する役割を果たす点でドイツを助ける。とくに、ソ連がドイツによって打倒された場合、ソ連から受けていた脅威から解放された日本は、アメリカがイギリス救援のために参戦するのを食いとめる上で、大きな威力を発揮することができるものと期待されている。

このようなヒトラーの、日本への期待に、四〇年夏まで、日本はなかなか応えようとしなかった。三六年一一月二五日に日独防共協定が結ばれて以後、日独軍事同盟締結をめざす日独両国の交渉はだらだらとつづけられたが、日本は、ドイツの望むような、英仏を敵にまわした軍事同盟に、なかなかはいってこようとしなかった。そして、三九年八月二三日、ドイツが、日独防共協定においては日独共通の仮想敵とされていたソ連と、独ソ不可侵条約を結んだことによって、同盟をめぐる交渉は、一頓挫《とんざ》をきたすこととなった。

日本側に、日独軍事同盟への動きが再燃し出すのは、四〇年初夏にはいり、オランダが五月に、フランスが六月にそれぞれドイツに降伏して、ドイツのヨーロッパ制覇の気配が濃厚となってきたときであった。日本陸軍の上層部は、ドイツとの同盟に消極的な、海軍出身の米内光政の率いる内閣を、陸相畑俊六を辞任させ後任を出さぬという、日本陸軍がしばしば用いた、陸相の人事によってゆさぶる方法で打倒した。

米内光政にかわって近衛文麿が首相となり、外相には、ドイツとの同盟に、米内とともに著しく消極的な態度をとりつづけた有田八郎にかわって、松岡洋右が就任した。陸相には東条英機がはいり、海相吉田善吾は留任する。

❖ドイツ寄り外交への転換

この四人は、内閣が発足する直前の四〇年七月一九日、東京の荻窪にあった近衛の邸宅荻外荘で、いわゆる荻窪会談を行った。そのときの記録として、残されている「組閣中四柱会議決定」と記された文書のなかには、日独伊枢軸の強化を図ること、ソ連とのあいだに有効期間五ないし一〇年の不可侵条約を締結すること、イギリス・フランス・オランダ・ポルトガルの東アジアにおける植民地を「東亜新秩序の内容に包含せしめるため、積極的な処理を行う」こと、アメリカに対しては、無用の衝突は避けるが、東亜新秩序の建設に関するかぎり、アメリカの実力による干渉をも排除するという「固き決意」をもって、日本の方針の実現を期することが、申し合わせ事項として列挙されている。ヒトラーのドイツがヨーロッパを席巻《せっけん》しようとする勢いを示したのを見た日本の指導者層が、「バスに乗りおくれるな」とばかりに、あわててドイツ寄りの外交にきりかえようとした姿は、この文書のなかにはっきりと出ている。

ヒトラーの電撃戦の勝利は、戦争の局外にとどまったポルトガルは別として、フランスやオランダのアジアにおける植民地を、あるじのいない状態に置くことになった。フランスもオランダも、ヒトラーに降伏してしまったからである。しかも、フランス領のインドシナや、オランダ領のインドネシアは、アメリカからの資源の輸入を、中国における侵略行為への報復として極度におさえられてしまった日本にとって、のどから手が出るほど欲しい、石油・ゴム・錫を大量に産出する資源の宝庫である。この際日本が、フランスやオランダという本国を降伏させたドイツと話をつければ、これらの資源がそっくり日本のものになるかもしれない。そこで、ドイツおよびその友人のイタリアとの提携、いわゆる日独伊枢軸を強化し、「東西互いに策応して諸般の重要政策を遂行」することがどうしても必要となる。近衛・松岡・東条・吉田の四人の大臣候補は、荻窪の荻外荘で、このようなことを話し合ったものと思われる。

❖対ソ政策の大きな変化

ところで、日独防共協定では、秘密付属議定書のなかで、日本とドイツとが、「締約国の一方が『ソヴィエト』社会主義共和国連邦より挑発に因《よ》らざる攻撃を受け又は挑発に因らざる攻撃の脅威を受くる場合には、他の締約国は『ソヴィエト』社会主義共和国連邦の地位に付き負担を軽からしむるがごとき効果を生ずる一切の措置を講ぜざることを約す」、と誓い合い、ソ連を仮想敵とすることにおいて共通の認識を持つことを確認し合っていた。それが、荻窪会談の申し合わせでは、ソ連と、日本および日本のかいらい国家である満州国ならびに内蒙古とのあいだに、不可侵条約を締結すること、となっている。ソ連に対する日本政府の態度には、三六年一一月二五日に日独防共協定が成立した時点と、四〇年七月一九日に行われた荻窪会談の時点とのあいだに大きな変化がおこっているといわなければならない。

この変化をもたらした要因として、三九年八月二三日に成立した独ソ不可侵条約なる、日本にとっては青天の霹靂《へきれき》ともいうべき出来事が作用しているものと考えられる。しかし、それよりもっと直接的な要因は、三九年夏のノモンハン事変であった。このとき、日本のかいらい国家満州国と、ソ連の息のかかった外蒙古、すなわち蒙古人民共和国との国境で勃発した本格的な戦闘における日本軍の敗北は、日本の首脳部に、骨身にこたえる思いをさせるものとなった。

三八年秋から三九年にかけて、日本陸軍の参謀本部では、ソ連を、仮想敵どころか、本当に敵にまわして戦う対ソ戦の準備をする目的で、「八号作戦計画」なるものの研究を進めていた。満州国の版図のうちもっとも西側に突き出た、蒙古人民共和国と境を接する興安北省の一帯はホロンバイルとよばれるが、「八号作戦計画」では、ホロンバイルから出撃して、西へ西へとソ連領を進軍してバイカル湖を討つことを計画していた。ところが、ホロンバイルに配置された日本の第二三師団は、満州国と蒙古人民共和国との国境線が明確でない、ホロンバイル南部の、ノモンハン付近で、蒙古人民共和国の軍隊とのあいだに、境界争いを昂じさせ、軍事行動を開始してしまった。武力衝突は三九年五月一二日に始まり、はじめは、満州国軍とモンゴル軍とのあいだのいざこざであったのが、第二三師団長小松原道太郎中将の強硬方針により、まず第二三師団が応援に出撃し、モンゴル軍の応援にグリゴリー＝ジューコフ元帥指揮下のソ連の赤軍が出撃するにおよんで、ホロンバイル南部の大草原で、本格的な戦争が展開されるに至った。八月下旬、赤軍の三個師団は大攻勢に出る。第二三師団のほかに、満州を守る日本の関東軍の虎の子というべき戦車隊二個連隊などを加えて、荻洲立兵陸軍中将を司令官として急拠編成した第六軍は、赤軍の、圧倒的に優勢な戦車隊の前に大敗北を喫し、小松原道太郎の率いる第二三師団はほとんど全滅するという大打撃を蒙った（歴史学研究会編『太平洋戦争史』第三巻、青木書店、二四六頁）。

ノモンハンの大敗北は、日本陸軍の首脳部に、「八号作戦計画」などは夢のまた夢に過ぎぬこと、日本陸軍は赤軍とは到底太刀打ちできぬことを教えた。もちろん、万事秘密主義の当時のこととて、敗戦の真相は国民にはひたかくしにされたけれども、陸軍のみならず、日本の指導者層一般は、真相を知らされ、ソ連とは戦争はできぬという認識がひろまったものと考えられる。

荻窪会談の申し合わせ事項のなかに、「対ソ関係はこれと日満蒙間国境不可侵協定（有効期間五ないし一〇年）を締結しかつ懸案の急速解決を図るとともに右不可侵協定有効期間中に対ソ不敗の軍備を充実す」の一項が入れられた背景に、以上のようなノモンハンの敗戦があったことは無視できない。そして、「八号作戦計画」から見れば、対ソ政策の大転換というべき、ソ連とは当分戦争はできない、したがって戦争は極力回避するという新路線は、これからのち、日本がヒトラーのドイツと交渉する上での、基本に据えられることになる。

❖荻窪会談の意味

荻窪会談の申し合わせ事項にも見られるように、日本のアメリカに対する態度は、ソ連に対する態度にくらべて、はるかに強硬であり、好戦的である。やや短絡《たんらく》したいい方をするならば、対ソでは慎重、対米では無謀なまでに大胆、という、荻窪会談の申し合わせ事項の方向のとおり、日本は、対米戦をひきおこす一方、ソ連とは、途中「関特演（関東軍特種演習）」で、ソ連への侵攻をあわや実現するかというところまで行ったことはあるけれども、結局のところ、四一年四月一三日に松岡外相がモスクワで署名した日ソ中立条約を一応守った、ということもできよう。

このように、荻窪会談は、これ以後の日本の進路に対して極めて示唆的な、あるいは運命的ともいうべき申し合わせを行ったといえる。しかし、史実および史料というものが、しばしば多くの解釈を許すという不可避の事態は、この荻窪会談にもつきまとった。荻窪会談については、まさにその出席者のひとりである吉田善吾海相自身によって、第二次世界大戦後、この会談を重視することに対する異議が唱えられたのである。

荻窪会談は、七月一九日、荻外荘で、午後三時から午後六時半までつづき、夕食を共にして散会したが、近衛文麿の伝記作成のために、このときのことを詳しく調査しようとした、かつて東大法学部政治学担当教授として近衛とも深いつき合いのあった矢部貞治に対し、吉田善吾が、つぎのように語った旨が、『近衛文麿』下巻（弘文堂）に記されている。

すなわち、吉田は矢部に、こう述べた。七月一九日、荻窪の荻外荘には、自分が一番おそく行った。会談の内容は、他愛のないフリートーキング程度のもので、自分はほとんど記憶しておらず、東条英機が東京裁判に提出した宣誓供述書のなかで主張しているような、具体的な事項をあげて論じたわけではなかった。自分は、松岡に会ったのはこれが初めてであったし、東条ともこういう席で会うのは初めてのことであったから、胸襟《きょうきん》を開くなどというわけにはいかなかった。枢軸問題では、米内内閣の末期に、陸軍案の「世界情勢の推移に伴う時局処理」というものが問題になっていたが、その中途で内閣がつぶれた。もうひとつ、米内内閣の末期に、防共協定に規定されていた、情報交換と宣伝の強化とについて協議が行われ、海軍は受身であったが、このほうは大体成案ができて、陸軍・海軍・外務の三省の局長が署名していた。そのなかには、日独伊の枢軸強化ということもあったが、同時に、ソ連とも国交を飛躍的に強化するということもあった。これはまだ正式決定ではなく、近衛内閣に引きつがれた。自分はそういう経緯を頭において、荻窪会談に出席したのであり、自分は、この三局長申し合わせには同意するが、日独伊三国同盟は考えないと主張した。三国同盟のことは、荻窪会談では全然予期されていなかった。

後日になって、平沼内閣の瓦解《がかい》の経緯やその後の発展からして、荻窪会談を三国同盟と結びつけて解釈しようとする論があるが、それは事実とまるで違う。そういうわけだから、申し合わせ事項などあるはずもないし、二時間程話して夕食をして帰った。

海相に留任が決定していた吉田善吾は、荻窪会談から八年たらずの年月が経過した時点で、このように述べて、荻窪会談で日独伊三国同盟問題が一挙に解決したという見方に反論を提出している。しかしながら、矢部も指摘しているように、吉田の談話は、荻窪会談の意義をことさらに軽視しようとしたものである、というべきであろう。また、荻窪会談の申し合わせといわれているものが、それ以後の、七月二二日から発足した第二次近衛内閣の基本路線のなかにそのまま再現されていった事実を無視することは到底できない。

七月二七日、近衛内閣と陸海軍の大本営との連絡会議という、当時のわが国の国政の最高レベルで決定された「時局処理要綱」のなかには、外交の基本方針として、「まず対独伊蘇（ソ連）施策を重点とし、とくにすみやかに独伊との政治的結束を強め、対蘇国交の飛躍的調整をはかる」ことが明記されていた。

こうして、ドイツおよびイタリアと同盟を結び、ソ連とは、ノモンハン事変によって最悪の状態に達した国交を飛躍的に改善し、日ソの友好を大いに強化する、という二項目が、日本の歩むべき道として固まった。

荻窪会談が東京の近衛邸で開かれたのは、四〇年七月一九日であり、ヒトラーが軍首脳を招いてドイツの歩むべき道を提示した、南ドイツ、ベルヒテスガーデンのヒトラー山荘における会談が開かれたのは、同年七月三一日のことであり、相へだたることわずか十数日であった。しかし、この二つの会談で、間もなく同盟のちぎりを結ぶはずの日本とドイツとのそれぞれの最高首脳たちが論じていた、ソ連に対する政策は、片や平和、片や戦争という、一八〇度の開きを持つものであった。

ワインバーグの主張しているように、四〇年七月三一日のヒトラー山荘での会談で、ヒトラーが対ソ開戦の最終的な決意を表明したものと解釈するならば、ソ連をめぐり、日独両国は、同盟締結に際して、まさしく同床異夢の関係にあったといわなければならない（156頁参照）。

日独伊三国同盟

❖ドイツへの打診

第二次近衛内閣が発足し、「時局処理要綱」が決定されると、日本はヒトラーとの同盟をめざして突進することになる。一九四〇年八月一日、松岡洋右《まつおかようすけ》外相は、外相就任以来はじめて、ドイツ大使オイゲン＝オットをお茶の会に招き、ドイツとの同盟の瀬踏みを行った。このときの会談で、松岡は、㈠日本が建設に乗り出している、すべての国民と民族の解放と自由、共存共栄を理想とする大東亜新秩序に関し、ドイツは、そのうちに含まれる南洋について、いかなる態度をとろうとし、何を求めようとしているのか、㈡ドイツは、日ソ関係について、何を希望し、何をなしうるのか、㈢日米関係について、ドイツはいったいアメリカに対して何をなさんとし、また、日本のために何をなしうるのか、の三点について、ドイツ側の意向を打診しようとした。

オイゲン＝オットという人物は、政治に対する中立と不介入とを、古くプロイセン陸軍以来の伝統とするドイツ国防軍のなかでは、例外的に政治の好きな、かなりの陰謀家であったように思われる。ベネットの『国防軍とヒトラー』によれば、第一次世界大戦直後、ドイツの秘密再軍備の工作のためにドイツ国防省のなかに設立された少人数からなる一グループのなかに、クルト＝フォン＝シュライヒャーなどと並んで、オットの名が見出される。のちに、オットは国防省国防軍局の局長に昇進し、シュライヒャーの協力者として活躍するようになる。しかし、シュライヒャーが、三四年六月、突撃隊長レームらとともに、ヒトラーの指令によって銃殺されたことにより、シュライヒャーの側近としてのオットの立場は危険となる。オットは、国防軍局長の職を解任されたが、銃殺されたりする目には遭わずに済んだ。オットは日本軍との連絡将校として、はるかな日本へ派遣され、数か月後には東京駐在ドイツ大使館付き武官に任命された。三四年のことである。このときオットは陸軍少将で、のち中将に昇進する。シュライヒャーの側近として極度に警戒されていた要注意人物というべきオットが、三八年四月に日本駐在ドイツ大使に任命されたのは、カイテルがオットのためにヒトラーとリッベントロップに進言してくれたおかげである。ドイツ大使館を舞台として演じられたゾルゲ事件が発覚し、責任を問われて上海に左遷される四二年一二月まで、オットは駐日大使の任にとどまっている。オットは、第二次世界大戦後も戦争犯罪人として連合国軍から追及されることもなく長寿を保ち、一九七七年一月に八七歳で没した。

松岡の三項目についての打診を、オットは、極めて冷ややかに受けとめた。このような、オットの冷淡な態度は、米内内閣がドイツとの軍事同盟に熱心ではなかったための、ドイツ側の日本への失望と幻滅とを反映したものと思われる。八月一日の時点では、オットはまだ、七月一九日の荻窪会談以来の日本の対ドイツ政策の転換を的確には把握しておらず、新しい内閣とその外相とに対しても、不信感を持ちつづけていたものであろう。

オットは、本国の外務省にあてて、松岡の打診について、つぎのように報告している。オットによれば、この日、会談を終始心のこもった調子でつづけてきた松岡外相は、日独関係の一般的な問題に移り、とくに、ドイツが、東アジアにおける日本の広域経済圏計画、すなわち大東亜共栄圏の計画に対し、いかなる態度をとるのかを質問したが、これに対し自分は、松岡の言明に対して、消極的な姿勢をとり、ドイツの態度決定は、日本がドイツにとって把握可能な、価値ある利益を保証する具体的な計画を提示するとき初めて可能になる旨を明言しておいた。オットがこのようにすごみをきかせたのに対し、松岡は、オットの立場が正しいと、賛意を表している。さらに松岡は、松岡がすでに日本の国際連盟脱退以来、日本の永続的な孤立は不可能であり、それ故にドイツへの依存が唯一の与えられた道であるとの立場を代弁してきたものであることを、リッベントロップ外相に伝えてくれるよう、オットにたのんでいる。このあたり、松岡は、卑屈なまでに低姿勢であった。松岡は、今外務大臣になって、これらの考えを実行できるようになったことをよろこんでいる、これからオットとたえず接触をつづけたい、と述べた。あくまでも冷ややかな態度をくずさないオットは、松岡に向かって、日本が単独でドイツに対する真に友好的な中立の立場を樹立するためには、日本は多くをつぐないとしてなさねばならぬという点について、疑念の余地をなからしめた、と報告している。

❖松岡外相の意図

松岡は、満鉄時代からの腹心であり、外相就任後間もなく顧問に据えた法学博士の斎藤良衛《りょうえ》のほかには、ほとんど誰にも自分の真意を伝えることをせずに、大あわてにあわてて、八月一日の打診から満二か月足らずのうちに、日独伊三国同盟を調印にまで持ち込んだ。もうひとりの顧問であった白鳥敏夫とは、ほとんど何の相談もしていないし、東条陸相にも、計画を打ち明けなかった。松岡の対ドイツ外交にとって邪魔であったのは、日独の軍事同盟に反対をつづけた米内、山本五十六、井上成美らの海軍首脳の意向を代弁する吉田海相であったが、吉田は、心臓病が悪化して辞任し、九月六日、及川古志郎にかわり、及川は三国同盟に反対せぬ態度をとったので、海軍からの抵抗を心配する必要もなくなる。日頃の多弁に似ず、極端な秘密主義でことを進めた松岡の意図をある程度打ち明けられていたのは、したがって、斎藤良衛ただひとりである。そこで、斎藤の回想録『欺かれた歴史　松岡洋右と三国同盟の裏面』（中公文庫、二〇一二）は、松岡の抱いていた意図を知る上で貴重な手がかりを提供するといえる。しかしながら、この本は、松岡を弁護しようとするあまり、論旨の運び方が強引過ぎて、これをそのまま信用することは到底できない。ただ、ひとつの重要な参考史料として、参照しておく価値はあると思われる。

斎藤良衛は、八月一日のオットとの初会見以降の松岡の心境の推移を、この本のなかでつぎのように伝えている。すなわち、松岡は、駐日ドイツ大使オットを外務省に招いて、日独協力のためのドイツ側の意向を打診するため、箇条書きの質問書を手交して本国政府の回答を求めた。これが、先にあげた三項目にほかならない。斎藤によれば、この打診は、べつに、日独伊三国同盟条約締結の準備のつもりでやったものではない。ただドイツの気をひき、反日的だった米・英・仏などを牽制するための謀略の足ならしにすぎなかったことは、松岡がしばしばそういっていたところだ、と斎藤は主張する。ところが斎藤によれば、それからというものは、この三項目の質問書のことが、妙に松岡の頭にこびりついて離れず、ヒトラーもリッベントロップも、これにつられて、日本の提灯持ちをしてくれるかの錯覚に陥り、ついには当時おこっていた英独戦争の仲裁を買って出て世界平和克服の大功を立てようとの飛躍的な野心にまでも発展してしまった。オットと会見して質問表をドイツに送った数日後、松岡は近衛首相を訪問し、「近衛内閣は、日独同盟などを考えるよりは、英独戦争をやめさせる方策を考えるべきだ。対独クェッショネール（質問表）は、そう持って来るための一ステップで、ドイツの出方を見た上で、さらにイギリスとの話し合いに進むつもりである」、と語った。斎藤によれば、当時近衛と松岡との関係は、きわめて良好で、外交は全部松岡まかせの時代だったので、近衛は一も二もなくこれに同意した。同席していた斎藤は、これを松岡の例の行き過ぎとは思ったが、その場では反対せずに近衛邸を辞去し、松岡邸に帰った。千駄谷の松岡の家で、斎藤は松岡に、「あなたの考えが実現できるほどに、日本が有利な地位にあるとは思えない」、というと、松岡はいつもの通り、他人の意見の上へ上へとおっかぶさがりたがる癖を出して、「英独両国ばかりか、ソ連もアメリカも引きつけてみせるよ」とうそぶいた。斎藤はこう続けている。

❖空想家松岡洋右

（松岡が大見得を切ったので）私は、「中国事件すら片づけ得ずに、泥田にはまり込んでいる日本に、そんな器用な芸当ができるものか」とやりかえすと、「おれはやって見せる」と真剣にいい張った。自信の並みはずれて強い彼は、これを空想とは考えず、またそう考えるべきでないとし、何やかやと実現の手段を論じ出した。彼の考えによると、この大事業に、日本が独力で踏み出すよりは、ヨーロッパの強国と協力してやった方がよい。それはソ連をおいてほかにはない。しかし、当時日ソの関係は、ソ連の蔣介石援助その他の重要問題が山積したため、はなはだ悪化していたから、ソ連と親善関係にあったドイツを利用し、日ソ関係調整の役割を持たせるよりほかはないとした。事実、当時の独ソ両国は、表面だけは非常に親善で、独ソ不可侵条約が結ばれ、その付属の秘密協定で、ドイツは、バルト海沿岸に対するソ連の指導的地位を認め、またポーランドを南北に走る一線で画し、両国おのおのその一半を勢力範囲とすることを約し、両国間に存する当面の利害衝突を、ひとまず解消していた。それが、ヒトラーの対英仏侵略に対する後方の脅威を除去するための一時的術策であったとしても、またポーランドとバルト海方面だけに、独ソ両国の利害衝突が限られたものでなかったにしても、両国の親善関係はともかくも成り立っていた。またソ連は、ドイツと不可侵条約を締結した後でも、それ以前からくすぶっていたイギリスやアメリカとの外交取引を、依然として続けていたのだから、ソ連と手を握って英独戦争の仲裁をしようとした松岡の考え方には、幾分の実現性はあった。しかし、私からいわせれば、松岡は日本のおかれた地位と、その実力とに対する判断を誤っていた。それにもかかわらず松岡は、どうしてもこれをやるのだと力みかえっていた。松岡の頭は、一歩一歩手近な問題から手堅く解決して行って、だんだんと大きい所へ向かうことはせずに、いきなり大きなところからぶつかる傾向が強かった。彼がホラふきといわれ、大風呂敷をひろげると罵られたのは、こうした彼の性格のためである。彼の考えついた前記のドイツ、ソ連の利用方策は、まったく理屈のないものだとけなすことはできぬとしても、それに着手する前に、解決しておかねばならぬいくつかの事柄をおいてきぼりにした計画だった。それが後日、彼を日独伊三国同盟締結へと持って行った一つの導因ともなった（同書、二七〜二九頁）。

松岡が、斎藤の伝えているような思考の筋道の上に立って、英独戦争の日本による仲裁を考えたかどうかはわからない。また、斎藤が、独ソ関係を支えたものとしてあげている独ソ不可侵条約の秘密付属議定書の内容は、当時はまったく秘密にされていたのであって、当然松岡も知っているはずのない事項である。それをここへ持ち出すことは、松岡の理解に混線をもたらしやすい。

このような、目立った難点があるにもかかわらず、斎藤の証言は、ひとつの重要な核心をいいあてている。というのは、独ソ関係は良好であり、安定しているとの判断の上に立って、悪化した日ソ関係の仲介を、ドイツに依頼する、という発想こそ、松岡が、そして第二次近衛内閣全体が、ヒトラーのドイツとの同盟へとなだれ込んだ決定的な動因にほかならないからである。

❖特使シュターマー

荻窪会談の申し合わせから見ても、また「時局処理要綱」から見ても、国際的に孤立し、完全に行きづまっていた当時の日本が、一九四〇年の夏から秋にかけて、局面打開の方策として希望をつないだのは、ドイツおよびイタリアとの枢軸の強化と、ソ連との国交の改善の二項目であった。松岡の発想も、英独戦争の仲裁というような夢物語を別にすれば、やはりこの二項目の実現をめざすものであり、それ以上のものではなかった。

このようなときに、リッベントロップは、特使として、ハインリッヒ＝シュターマー（ドイツ語の発音はシュターマーであるが、当時の日本ではスターマー）を、モスクワ経由で東京へ送り込んだ。シュターマーは、リッベントロップが、まだ外相に就任する以前、一私人の資格で、しかしヒトラーの権力を背景として実質的にはドイツ外務省とおなじ職務を遂行していた「リッベントロップ事務所」を主宰していた時から、リッベントロップの使いとして、しばしば日本大使館に出入りしていた。特使として日本へ来る当時は総領事という資格を持っていたが、職業外交官ではなく、リッベントロップのひいきによってのしあがった人物である。のちに、四三年二月、先に左遷されたオットにかわって駐日大使に就任するが、四五年五月、ドイツが降伏して日独伊三国同盟からイタリアについで脱落すると、大使としての資格を失った。

戦後、一時スイスの武器会社に勤務して、シュターマーが死の商人になったと我が国でも話題になったが、のちにリヒテンシュタインという、オーストリアとスイスとにはさまれた、人口一万八千五百人という小国で、一九七八年に八六歳で亡くなるまで安楽な暮らしを続けた。ヒトラーが、オーストリアを併合したついでに、となりのこの小国もとりつぶしてドイツに併合してしまおうとしたとき、シュターマーがリヒテンシュタインのためにとりなした。戦後、これを徳としたリヒテンシュタイン政府は、シュターマーに伯爵の位を与え、住居を提供したのである。住居といっても、大きな城などではなく、アパートの一郭だといわれる。

外交官というより貿易商が似合うというタイプのシュターマーは、リッベントロップの特使として、夫人を伴って満州里を越え、四〇年九月七日に東京入りした。このときのシュターマーは、ヒトラーの使節ともいってよいくらいの大幅な権限を与えられていた。

❖シュターマー・松岡会談

シュターマーは、九月九日と一〇日の二日間、オットの陪席のもとに、千駄ヶ谷の私邸で松岡と会見した。会見は、新聞記者に気づかれぬよう、麴町区三年町の外相官邸を使わず、松岡邸のはるか手前で自動車を降りるという慎重さで、秘密のうちに行われた。九日の午後五時から七時までと、一〇日の午後五時半から六時半までの、比較的短時間の話し合いのなかで、松岡に強烈な印象を与え、松岡をして、もはや何の疑念も抱かずに日独伊三国同盟へと突進せしめたのは、シュターマーのつぎのような内容の言明であった。シュターマーはこう述べた。まず日独伊三国間に同盟条約を成立させて、そのあとただちにソ連に接近するのがもっとも良い。日ソの親善についてドイツは、かつて一八七八年のベルリン会議において宰相ビスマルクがドイツの立場について述べたような、「正直なる仲買人」（オネスト・ブローカー）の役割を果たす用意がある。そして、日ソ両国が接近する途上に越ゆるべからざる障害が存在するとは思われない。したがって、日ソの親善は、ドイツが仲介にはいる以上、大した困難なく実現できると思われる。イギリス側が、独ソ関係が悪化していると宣伝しているが、事実はそれとは反対に、独ソ関係は良好であり、ソ連は、独ソ不可侵条約で取り決めたドイツとの約束を、満足に履行しつつある。

このようなシュターマーの言明を額面どおりに信用すれば、荻窪会談以来、第二次近衛内閣が日本の外交について実現を強く望んでいた二つの事柄、すなわち独伊との提携の強化と、日ソ国交の飛躍的な改善とが、日独伊三国同盟を結ぶことによって、ただちに成就できることになる。しかも、シュターマーは、千駄ヶ谷での会談で、松岡に向かって、シュターマーの言はただちにリッベントロップ外務大臣よりの言葉と受け取ってさしつかえない、と保証している。

同時に、この会談のなかで、シュターマーが、冒頭から、ドイツが、今回の戦争にアメリカが参戦しないことを希望していることを強調し、日本に対して、あらゆる方法によってアメリカを牽制し、その参戦を防止する役割を演ずることを求めると述べていることが注目される。シュターマーは、米独間には衝突の危険はないが、日米間の衝突ないし戦争はいつかは不可避である、と述べたが、このことは、松岡のもとで外務次官をつとめた大橋忠一の回顧録『太平洋戦争由来記、松岡外交の真相』（要書房、一九五二）によれば、松岡の心に強く焼きつけられたらしい。しかしながら、松岡が、大橋の伝えているごとくドイツが在米二千万のドイツ系市民を動員して反日宣伝を始めさせたら日米戦争は避けられぬ、やはりドイツと結ぶのが日米戦争を避けるため必要だ、と判断したとすれば、これは、当時の国際情勢とはまったく遊離した、見当はずれもはなはだしい判断といわなければならない。

いずれにせよ、松岡は、日独伊三国が同盟を結んで「毅然《きぜん》たる態度」を「世界に知悉《ちしつ》」させることによってのみ、アメリカの参戦を食いとめることができるというシュターマーの考え方に全面的に共鳴してしまった。ただ、松岡は、三国同盟にソ連を加えた日ソ独伊四国協商ができてはじめて、日本はアメリカに対して「毅然たる態度」がとれると思い込んでいた訳であるが、この点も、シュターマーが、三国同盟に日本がはいれば、ドイツは日ソ関係を「正直なる仲買人」として仲介してやると保証したのであるから、同時に解決できるはずであった。

❖三国同盟への危惧とその調印

九月一〇日の会見からわずか一七日で、三国同盟はベルリンでの調印にこぎつける。調印の前日に行われた枢密院での審査委員会では、松岡の、独伊との同盟熱にうかされた態度とは対照的に、枢密顧問官たちは、同盟を結んだあとの日本の前途への不安の念を次々と表明し、審査委員会は沈痛な空気におおわれていた。しかし、松岡の耳には、枢密顧問官たちの質問も、老いぼれたちの取り越し苦労くらいにしかひびかなかったであろう。

この日午前一一時二〇分から午後七時三〇分まで、夕食も抜きで行われた審査委員会のあと、午後九時四五分から枢密院本会議が開かれ、ここでは、石井菊次郎顧問官のみが特に発言を求め、条約への警告を発した。石井は、石井-ランシング協定（一九一七）で知られる老外交官で、パリ駐在大使や外相などを歴任している。

石井はつぎのように述べた。自分は、日独伊三国同盟に賛成である。しかし、近代の同盟は、古代の同盟とはことなり、利害関係の結合に過ぎない。歴史の教えるところによれば、同盟国間の関係はすこぶるややこしいものである。ことにドイツはもっとも悪しき同盟国であり、ドイツと同盟を結んだ国はすべて不慮の災難を被っている。ビスマルクはかつて、同盟にはつねに騎馬武者と、足ののろい駑馬《どば》とが存在すると述べたことがある。事実、ドイツが第一次世界

日独伊三国同盟締結の祝賀の宴（正面中央が松岡）

大戦の終了のときまでドイツの同盟国であったトルコやオーストリアを遇することとあたかも騎馬武者が駑馬を扱うがごとくであり、トルコやオーストリアの独立性は完全に失われた。ナチスは帝制ドイツとはことなるという議論をするものがあるかもしれない。しかしヒトラーも、国際条約を一片の紙切れと見なして、まったくこれを重んじていないことは、三九年八月、日独間に防共協定があるにもかかわらず、独ソ不可侵条約を結んだことによってもわかる通りである。つぎにイタリアはどうであるか。イタリアは、マキャヴェリを生んだ国であり、ドイツと同盟を結んでおきながら、第一次世界大戦勃発に際してこの同盟を無視してドイツを裏切った、ドイツ以上のつわものである。今度このドイツ・イタリア両国と同盟を結ぶ次第であるから、条約の運用については十分心しなければならないと考える。

石井の予言は適中し、石井自身、夫人とともに、四五年五月二五日から二六日にかけての、アメリカ空軍による東京大空襲に際し、渋谷青葉町の自宅付近で行方不明となり、その遺体すら発見されていない。このとき、ヒトラーもムッソリーニも、すでにこの世の人ではなくなっていた。

四〇年九月二七日、ベルリンで、日独伊三国同盟が調印された。駐独日本大使来栖《くるす》三郎、ドイツ外相リッベントロップ、イタリア外相ガレアッツォ＝チアーノが、各国を代表して条約文に署名した。イタリア外相でムッソリーニの女婿であるチアーノはベルリンに到着する前日の九月二六日、ミュンヘンでイギリス空軍による爆撃を体験させられていたが、九月二七日、日記にこう記している。条約は調印された。儀式は、三九年五月二二日に独伊両国の軍事同盟である「鋼鉄条約」が結ばれたときの儀式と類似している。しかし雰囲気はもっと冷たい。おもに学校の生徒たちからなる比較的小規模の、ベルリン街頭の群集は、規則正しく、しかし確信なしにかっさいしている。日本は遠い。日本の援助は疑わしい。ひとつのことだけが確実である。それは、戦争がながびくだろうということである。このことは、ドイツ人にとってうれしいことではない。ドイツ人は、戦争が、夏の終わりに終わると信ずるようになっていたのである。戦時下の冬は耐え忍びにくいものである。ベルリンでは食料が不足しているからことにそうである。ベルリンの生活の憂鬱な気分を一層滅入らせるものは、イギリス空軍によるたえざる空襲のくりかえしである。ベルリン市民は、毎晩、四時間から五時間を地下室で過ごしているから、睡眠不足であり、男女関係は乱れている。風邪をひいている者の数は信じがたいほどの多数にのぼっている。

このような感想を日記に書きつけていたチアーノは、四四年一月一一日、岳父ムッソリーニに対する反逆に加担した故をもって処刑された。しかし、その日記は、妻であり、ムッソリーニの娘であるエッダによって、ひそかに持ち出され、戦後日の目を見たのである。

❖不吉なきざし

シュターマーは東京で松岡に向かって、独ソ関係は良好であると保証したが、実際には、シュターマーがこの保証を与えた一九四〇年の九月よりも以前の、六月から、独ソ関係は目立って悪化しつつあった。ドイツがイギリスとの戦争に釘づけにされているあいだに、ソ連がバルト海やバルカン半島に進出したことは、ヒトラーをいらだたせていた。しかしながら、ドイツも、おなじくバルト海やバルカン半島に向かって、露骨な進出を行いつつあった。バルカン半島をめざしての、汎スラヴ主義の南下政策と、汎ゲルマン主義の東方進出政策とが「死の十字」をえがいてバルカン半島で交叉《こうさ》したことが第一次世界大戦をひきおこしたといわれるのに似て、ソ連とドイツとの進出は、不吉なきざしを見せはじめていた。

四〇年の六月には、ソ連は、バルト三国、すなわちエストニア・ラトヴィア・リトアニアを占領した。独ソ不可侵条約の秘密付属議定書のなかで、独ソ両国は、エストニアとラトヴィアはソ連の勢力範囲、リトアニアはドイツの勢力範囲と定め、ついで、三九年九月二八日にモスクワで結ばれた独ソ境界ならびに友好条約により、ドイツはリトアニアをソ連に譲り、かわりに、ドイツがすでに占領していたワルシャワ周辺地方が、秘密付属議定書ではソ連の勢力範囲に入れられていたのを、ソ連がドイツにゆだねることを約束し合った。このことは先に述べたとおりである（135〜136頁）。

ソ連は、三九年九月二九日には、エストニアと、一〇月五日にはラトヴィアと、一〇月一〇日にはリトアニアと、相互援助条約を結び、エストニアに二万、ラトヴィアに四万、リトアニアに三万の赤軍が駐屯することを認めさせていた。ところが、フランスが四〇年六月にドイツに屈服すると、ソ連は、ドイツがまだ西部戦線から兵力をひきあげることができないうちに、これら三国にいいがかりをつけて、三国を軍事的に占領してしまった。

ヒトラーは、ソ連によるバルト三国の占領と、七月に行われた、三国のソ連への併合については黙認した。しかし、同年の六月にソ連が、ルーマニアから、ベッサラビアと北ブコヴィナの両地方を奪ったことは、ヒトラーを怒らせた。ヒトラーは、独ソ不可侵条約の秘密付属議定書において、リッベントロップに、ベッサラビアに対してドイツが政治的な関心を持たぬことを言明させている。けれども、これは、ポーランド侵攻の日が目前にせまっていたため、急いで独ソ不可侵条約を成立させようとして、ヒトラーが承認を与えた、ソ連へのことばの上での譲歩であって、ヒトラーは、まさかソ連が、この条項をたてにとって、ベッサラビアをルーマニアから奪い取る挙に出るとは予想していなかったようである。

それでも、ベッサラビアについては、秘密付属議定書で、ドイツがソ連の行動に文句をつけぬ旨の言質を与えていただけ、ドイツからみてソ連のベッサラビア奪取はやむをえぬ面もあったが、北ブコヴィナについては、独ソ間に何の約束も成立していなかったのであるから、ヒトラーが怒ったのも無理はない。

❖ウィーン裁定とフィンランド問題

今日ではルーマニアの油田も昔時の面影はなく、増大した自国の必要量をまかなうのにも足りないくらいのものらしいが、四〇年当時は、ルーマニアはヨーロッパにおける石油の宝庫であり、ドイツが戦争を遂行するためには、どうしてもルーマニアの石油を確保しておくことが必要であった。ドイツ軍自慢の機械化部隊も、原動力の石油がなければ、まったく動くことができなかったのである。ソ連がルーマニアから広い土地を奪いとったのを見て、ブルガリアも、ルーマニアから、ドブルジャ地方を要求し、ハンガリーは、トランシルヴァニアを要求するに至った。いったいに、ルーマニアは、第一次世界大戦に際して、戦勝国となった英仏の協商国側に加わって戦ったために、かなりの領土を獲得していたが、四〇年夏になって、これに対する修正の動きがおこってきたのである。バルト三国が、ロシア革命の勃発直後の一八年に、ロシアから分離してそれぞれ独立したのが、ふたたびソ連に合併されたように、このときの一連の動きは、第一次世界大戦の戦後処理方式、いわゆるヴェルサイユ体制を、それ以前の状態にもどそうとする動きでもあった。

しかしヒトラーは、この時点でバルカン半島に紛争の火が燃えあがることを好まなかった。そこでヒトラーは、四〇年八月三〇日、リッベントロップをして、ウィーンで、チアーノと会見させ、独伊外相の手によって、ルーマニア国境をめぐる一連のごたごたにひとつの解決を与えさせた。これがウィーン裁定といわれるものである。このウィーン裁定で、独伊両外相は、ルーマニアに、ルーマニアが八月二一日、ブルガリアにゆずる協定に賛意を示していたドブルジャ地方に加えて、トランシルヴァニア北部を、ハンガリーに割譲させ、残されたルーマニアの版図については、独伊両国がその主権と不可侵性とを保障することを約束した（尾上正男著『ソビエト外交史Ⅲ』、有信堂、一一四頁）。ルーマニアをめぐるごたごたは、これで一応収まったけれども、このウィーン裁定が、ソ連に何の相談もなしに行われたことは、独ソ関係をますます悪化させた。

しかも、ヒトラーは、一〇月一二日になると、ドイツ軍をルーマニアの首都ブカレストに進駐させ、ルーマニアを、ドイツの軍事的支配のもとにおいてしまった。独ソ関係は、独ソ両国それぞれの動きによって、割れ目がますます深まっていったのである。

フィンランドもまた、独ソのあいだの争いの種であった。フィンランドは、独ソ不可侵条約の秘密付属議定書では、ソ連の勢力範囲にはいることが明記されていた。しかし、三九年の冬にソ連がしかけたソ連・フィンランド戦争は、ソ連の予想を裏切るフィンランド軍の猛烈な抵抗にあって、ソ連の期待した成果を収めることなしに終わっていた。ドイツは、四〇年九月二二日、フィンランドと協定を結んで、ドイツの軍隊が、フィンランド国内を南から北へと貫通して、最北端のノルウェーのキルケネスへ向かうことを、フィンランドに承認させた。ドイツは、このことを、ソ連にまったく相談せず、モロトフソ連外務人民委員（外相）の問い合わせに接して初めて、一〇月二日に、ドイツとフィンランドとの協定は、政治的意味を有しない軍事連絡上の純粋な技術手段に関するものであるとことわりながら、その内容を通告した。ソ連駐在ドイツ代理大使ティッペルスキルヒからの通知を受けたモロトフは、フィンランドは独ソの同意のもとに、ソ連の勢力圏に属するのであって、この協定についてはソ連が関心を持つのは当然であり、その内容について、ソ連政府は詳細な報告を受けたい旨を明らかにし、ソ連がドイツの処置に大きな不満を抱いていることを示した。

❖独ソ関係打開のために

このように、独ソ関係は、シュターマーが松岡に保証し、松岡が信じ込んでいたように、良好であるどころか、悪化の一途をたどっていた。リッベントロップは、四〇年一〇月一三日、スターリンに書簡を送って、独ソ関係について話し合うため、モロトフをベルリンへ派遣することを求めた。リッベントロップは、この、長文の書簡のなかで、もはやイギリスの敗北は確実であること、絶望的な情勢のなかでイギリスがおこすかもしれぬいかなる活動をも封ずるために、ドイツは、スカゲラークからキルケネスに至るノルウェー沿岸の重要地点を確保する必要があり、このためドイツは、先にソ連に通知したような協定を、スウェーデンおよびフィンランドと結び、両国の領土を通過する補給路を獲得したものであること、ドイツのルーマニアに対する保障も、イギリスのサボタージュ工作に対抗するためのものであること、日独伊三国同盟は、アメリカの参戦を実現しようとするイギリスの策動への対抗措置であり、ソ連と対抗する目的を持つものではないこと、をスターリンに伝えている。そして、結論として、リッベントロップは、ソ連・イタリア・日本・ドイツの四国が、世界的規模における各国の権益の境界を定めることによって、四国国民の将来の発展を正当な方向に指向せしめることこそ、ヒトラーが四国の歴史的使命と考えているところであると力説し、このような諸問題の討議のため、モロトフが速やかにベルリンを訪問することを歓迎する、と述べた。スターリンは、一〇月二二日、リッベントロップの招待に応じてモロトフをベルリンへ派遣する旨の回答を、モロトフを通じて、モスクワ駐在ドイツ大使シューレンブルクに手交し、ここに、モロトフのベルリン訪問が実現することになったのである。

Ⅳ

ヒトラー・モロトフ会談

モロトフとリッベントロップ

❖リッベントロップの長広舌

ソ連の首相兼外相（外務人民委員）モロトフは、一九四〇年一一月一二日、ベルリンに到着、ただちに、ドイツ外相リッベントロップとの会談が開始された。この第一回の会談で、リッベントロップは、つぎのような内容の長広舌をふるった。

リッベントロップによれば、イギリスの敗北は、もはや時間の問題である。ドイツは、イギリス本土爆撃を日夜続行しており、ドイツの潜水艦も徐々に作戦に投下されるようになり、イギリスにおそるべき損害を与えるであろう。もしイギリスが、このような攻撃方法によって屈服しなかった場合には、ドイツは、天候の回復を待って、大攻撃作戦を行い、イギリスを最終的にたたきつけるであろう。この大攻撃作戦は、異常な悪天候のため延期されていたに過ぎない。

ベルリンに到着したモロトフ（前列左から三人目がモロトフ）

リッベントロップは、このように述べて、ヒトラーがすでに事実上イギリス本土上陸作戦を断念していたという内幕をおおいかくし、イギリスの敗北は間近いと大見得を切った。しかし、まさしくこの点で、ドイツ側は決定的なぼろを出す。それは、イギリス空軍が、モロトフのベルリン滞在中をねらって、ベルリンに大規模な空襲を敢行したからである。

リッベントロップの強がりはさらにつづく。リッベントロップによれば、イギリスはアメリカからの援助を希望しているけれども、それの実現は極度に疑問である。陸上の戦闘に関しては、アメリカの参戦はドイツにとって何の意味も持たない。ドイツもイタリアも、二度とふたたび、アングロサクソン人種はひとりたりとも、ヨーロッパ大陸への上陸を許すことはしないであろう。アメリカのイギリスに対する援助は、戦争資材、おもに飛行機の供給に限定されるであろうが、ドイツ海軍によるイギリス封鎖作戦の結果、イギリスに到着するアメリカの戦争資材の量はわずかなものにとどまるであろう。こういう訳で、アメリカ参戦の有無は、ドイツにとって、どうでもよい事柄なのである。

ついでリッベントロップは、モロトフに、こう大見得を切ってみせた。すなわち、対フランス戦に勝利を収めたドイツの地位は、極めて強力なものであって、イギリスがヨーロッパ大陸に再上陸することができると思っているのは、イギリス内部の混乱と、チャーチルという軍事上、政治上の素人の指導とによるものである。チャーチルはこれまでも、決定的な瞬間にはつねに失敗をくりかえしてきたが、こんども失敗をくりかえすにちがいない、と。しかし、リッベントロップのことばとはうらはらに、イギリス空軍がベルリン上空に出現するのに接したモロトフは、リッベントロップがイギリスの屈服は間近だと揚言《ようげん》すればするほど、それだけ、ドイツは苦境におちいっているという自分の判断を固めたことであろう。二日にわたる会談を一貫するモロトフの態度は、ドイツがイギリスとの戦いに手を焼いているのを冷やかに見据え、苦しみもがいているドイツから、ソ連が中立を守ってやっている代償に、できるだけの譲歩を無理強いしよう、というものであった。

❖リッベントロップの大構想

リッベントロップは、ことばをついで、ドイツとイタリアとは、できるかぎり速やかに戦争を終結させることを目的として、日本と、日独伊三国同盟を結んだが、三国同盟は三国とソ連との関係を損なうものではなく、これは、三国同盟条約の第五条に明確に規定されているところである、と述べた。リッベントロップのことばのとおりに、第五条は、「日本国、独逸国及伊太利国は前記諸条項が三締結国の各と『ソヴィエト』連邦との間に現存する政治的状態に何等の影響をも及ぼさざるものなることを確認す」、と規定していた。しかし問題は、この規定の意味するところよりもさらに一歩進んだかたちで、日本側が熱望した日ソ独伊四国協商が成立しうるかどうかにあった。

これについてリッベントロップは、つぎのように述べた。モロトフ氏も記憶しておられるであろうように、自分は、独ソ不可侵条約締結の際にモスクワで、日本とソ連との関係の改善を、ドイツとしては大いに歓迎する、と明言している。スターリンも、ドイツが独ソ接近のためにドイツの東京において有する影響力を行使することは、ソ連の利益でもあることに賛意を表した。自分は、この方向での努力を行い、ある程度の成果を上げたと信ずる。自分は、もう七、八年も前から、日本側との話し合いに際して、つねに日ソ協調の必要を力説しつづけてきた。

日本とソ連とのあいだに、ドイツとソ連とのあいだで成立したような、勢力範囲の画定が可能であると自分は考えている、と。

リッベントロップによれば、ヒトラーは、いまや、ソ連・ドイツ・イタリア・日本の四国のあいだに、勢力範囲の画定を行うことが有益である、との見解を持つに至っている。ヒトラーは、長い時間をかけて、徹底的に考えぬいた結果、世界においてこれら四国が占めている位置から考えて、各国の空間の拡大の方向は、南方に向かわなければならないという結論に到達した。日本はすでに南方に向かいつつあり、南方において獲得した新しい領土を消化するためには、何世紀もの時間が必要であろう。ドイツは、ソ連とのあいだの勢力範囲画定をすでに終わっている。そこで、西ヨーロッパにおいて新秩序を確立したあと、ドイツもやはりその進出のほこさきを南に向けること、すなわち、かつてドイツの植民地であった中央アフリカの方向に向けることとなるであろう。おなじようにイタリアも、その進出の方向を、地中海のアフリカの部分、すなわち、北アフリカおよび東アフリカに向けている。これが、ヒトラーの結論である。こう述べたリッベントロップは、自分としても、ソ連もまた、ソ連にとって重要な、自由な海への出口を、やはり南の方向に求めるべきではないかと考えている、とつけ加えた。

リッベントロップは、以上が、最近数か月、ヒトラーと自分とのあいだでしばしば話題となった偉大なる構想であり、これを、ベルリンを訪問された機会に、モロトフ氏に提示する次第である、と述べて、いったんその長広舌を打ち切った。

ここでモロトフは、リッベントロップ氏がいまソ連の進出すべき海といわれたのは、いったいどの海を指すのか、と質問をはさんだ。この質問に、リッベントロップは、たちまちどぎまぎしてしまい、戦後、世界の至るところに大きな変化がおこるにちがいない、という漠然とした一般論に逃げてしまった。そして、独ソ不可侵条約で独ソ両国が利益を受けたことをごたごたと述べたてたあと、リッベントロップは、やっと、大英帝国の崩壊に際して、ソヴィエト・ロシアが獲得するのは、ペルシア湾とアラビア湾との方向ではないかと思う、という答えを思いついた。

❖モロトフの冷やかな反応

モロトフの反問を辛うじて切りぬけたリッベントロップは、トルコ問題に話題を移した。そして、ドイツとしては、イギリスおよびフランスの同盟国であったトルコが、イギリスとの結びつきから自由になろうとするいまのトルコの政策を、ますますおし進めることを希望し、ソ連・ドイツ・イタリアおよび日本が、共通の方針を採用して、トルコを四国の方向に徐々にひき入れてゆくべきであると信ずるものである、と述べた。さらに、スイス、レマン湖畔のモントルーで、一九三六年七月二〇日に締結された、ダーダネルス海峡の再武装に関するモントルー条約について、リッベントロップは、つぎのように述べて、モロトフの歓心をそそろうとする態度に出た。ソ連がモントルー条約に不満であることはよくわかっている。ドイツも、ソ連以上にこの条約に不満を持っている。なぜなら、ドイツはこの条約に参加していないからだ。モントルー条約を、ソ連に有利なように変更してはどうか、と。

リッベントロップは、ソ独伊日四国の関係について、自分自身モスクワを訪問してスターリンと討議する用意があり、自分の知る限りでは、松岡とチアーノの日伊両国外相もモスクワを訪問する用意があるが、日独伊三国の外相が同時にモスクワを訪問することが、この問題を討議するのに得策であるかどうかは疑問に思っている、と述べた。

さらに、リッベントロップは、最近、ベルリン駐在中国大使の陳介《ちんかい》と会見したことをモロトフに報告し、戦争の早期終結という観点から、蔣介石と日本との見解の相違を克服する可能性はないのかどうか、陳介に質問した旨を、モロトフに伝えた。リッベントロップによれば、日本はまさに南京新政府を承認する寸前の段階にあるが、他方では、日本も中国も、ともに妥協を望んでいるという、未確認の報道もある。この報道が事実に基づいているかどうかははっきりしないが、日中両国間にひとつの妥協が成立すれば、疑いもなくよろこばしいことであろう。今、日中間に何か新しい動きが始まっている可能性がなくもないので、陳介大使にドイツ側の見解を伝えた次第である。

リッベントロップがモロトフに知らせた、日中和平の新しい可能性というのは、おそらく、四〇年九月から一一月にかけて行われた、銭永銘《せんえいめい》工作のことを指している。松岡外相は、外務省の参事官田尻愛義を香港に特派し、このいわゆる田尻ミッションに、浙江財閥の大物銭永銘を通じて、蔣介石との和平工作を行わせようとした。しかし、一〇月一三日の御前会議では、この和平工作が実らなかった場合には、汪精衛《おうせいえい》の南京政府を中華民国を代表する正式政府として承認することをも、同時に決定している。そして、蔣介石との話し合いがはかどらぬままに、一一月二八日の大本営政府連絡会議で、三〇日に、南京政府を承認する旨を宣言した日華基本条約に調印することが決められてしまった。ここに松岡は、銭永銘工作を断念する。したがって、モロトフがベルリンでリッベントロップと第一回の会見を行った一一月一二日の時点では、まだ、蔣介石政府との和平工作と、汪精衛政府の承認という、二つの可能性が日本に対して残されていた訳である。

モロトフは、日中の和解が有益であることについてのリッベントロップの言明に賛意を表明した。そして、モロトフは、リッベントロップがくわしく述べたことは、自分にとっても極めて興味深かったこと、ドイツとソ連のみならず、それ以外の諸国にもかかわりのある重要な諸問題について、独ソ両国間で意見の交換を行うことは有益であるであろう、と述べた。また、モロトフは、三国同盟の偉大な意義について、リッベントロップが述べたことは、よく理解できたけれども、非交戦国の代表としては、この条約の意義をより深く理解するため、若干の説明を求めたい、とことわって、条約の文書のなかに、ヨーロッパと大東亜（共栄）圏との新秩序がうたわれているが、「大東亜（共栄）圏」という概念は、少なくともこの条約の作成準備に参画しなかったものにとっては、はなはだあいまいである、と指摘した。この概念のよりくわしい定義をうかがいたいし、また、ソ連の、リッベントロップ氏の示されたソ独伊日四国の共同行動への参加についても、ベルリンばかりでなく、モスクワにおいても、詳細に検討する必要がある、とモロトフは述べた。

リッベントロップは、「大東亜（共栄）圏」という概念は、自分にとっても耳新しいものであり、立ち入った定義は明らかではない、この概念は、先に述べたごとく極めて迅速に行われた同盟交渉の、最後の数日のなかで日本側から持ち出されたものである、しかし、「大東亜圏」の概念は、ソ連にとり不可欠な勢力範囲にはなんら関係を持っていない、交渉を始めるに際し、ソ連に直接ないし間接に対抗する意味を持つ事項は条約中に含めないことが確認されている、とモロトフに答えた。

これに対して、モロトフは、冷やかに、長期にわたる勢力圏の画定は厳密なものでなければならない、と答えた。そして、モロトフは、独ソ間の勢力圏の画定について、過去においては部分的な解決しかなされておらず、過去の境界線は、最近の事態の発展により意味を失った、と主張した。モロトフは、ソ連としては、まずドイツと交渉し、ついで、三国同盟の性格と目標とについて前もって正確な情報を入手したあとで、日本およびイタリアと交渉したい、と述べ、消極的な姿勢をくずさなかった。

ここで、いったん会談は中断され、ソ連代表が朝食をとったあと、いよいよヒトラーが出席して、第二回目の会談が始まった。

モロトフとヒトラー

❖ヒトラーの見解

ヒトラーは、モロトフに対して簡単な歓迎のあいさつを述べたあと、ドイツとソ連とが平和のうちに提携を続行してゆく必要について、リッベントロップを上まわるような長広舌をふるった。しかし、ヒトラーの長広舌は、リッベントロップのそれよりも、一層具体性にとぼしい、漠然とした内容のものであった。このなかでヒトラーは、イギリスが豪語するベルリン陥落などということは夢物語に過ぎず、天候が好転し次第、ドイツはイギリスに最終的大打撃を加える決戦を準備している、と述べ、リッベントロップ同様、イギリスの屈伏は時間の問題だという見解を示した。同時にヒトラーは、ドイツは、イギリスとの戦争を遂行する目的だけのために、例えばルーマニアの石油を軍隊の力で確保する必要がある、として、ルーマニアへのドイツ軍進駐について釈明した。ヒトラーによれば、ドイツは、バルカンに政治的関心を一切持っていないにもかかわらず、現在、ある種の原料（石油）を確保するために、とくにバルカンで積極的に行動しているのである。また、ギリシアのサロニカに、イギリスが足がかりを得ようとする試みに対しては、ドイツはただちに軍事行動をもって対抗する、なぜならば、サロニカは、ルーマニアの油田地帯に近いからである、とヒトラーは力説した。そして、ヒトラーは、ルーマニアの油田地帯を、ドイツは、いかなる場合にも死守する決意であるが、平和が回復されれば、ドイツ軍はただちにルーマニアから撤退するであろう、と述べた。

このあと、ヒトラーはモロトフに、ソ連が、黒海とダーダネルス・ボスポラス両海峡とにおける自国の利益をどのようにして確保するつもりか、と質問し、ドイツは、両海峡の制度を、ソ連に有利なように変更することに助力する用意がある、と述べた。

❖激突の導火線

モロトフは、これまでヒトラーが述べてきた内容は、普遍的な性格を持つものであり、一般的にいって、自分はヒトラーのこれらの考え方に賛成できる、と述べ、また、自分もやはり、ドイツとソ連とが協調をつづけ、互いに戦ったりせぬことが、独ソ両国の利益になるという見解を有するものである、と述べた。モロトフは、ここで、自分はモスクワを発つ際に、スターリンから明確な訓令を与えられており、これから私がお伝えすることは、スターリンの見解に等しい、と重々しい前置きをして、つぎのように言明した。

モロトフによれば、独ソ協定によって独ソ両国がかなりの利益を得たというヒトラーの見解に、自分も賛成である。ドイツは、一般に知られているごとく、その後の戦争の経過にとって重大な意味を持つ、完全なヒンターラント(後背地)を獲得した。ドイツは、ポーランドにおいても、かなりの経済的利益を獲得した。リトアニアとルブリンとの交換によって、ソ連とドイツとのあいだの、摩擦《まさつ》の可能性が一切回避された。昨年の独ソ協定は、ひとつの点、すなわちフィンランドを除いては、履行せられたものと見なすことができる。フィンランド問題は未解決であり、自分としては、ヒトラーに、独ソ協定が、フィンランドに関する限り、まだ有効なのかどうかを答えてほしいと思う。ソ連政府の見解では、これについてはなんらの変更もなされていないはずである。また、ソ連政府の見解では、昨年の独ソ協定は、部分的解決に過ぎない。そのあとに、解決を要する他のいくつかの問題が生じた。モロトフは、スターリンの見解だとして、以上のように語った。ここでモロトフが挙げている、リトアニアとルブリンとの交換というのは、前述(136頁)したように、リッベントロップが再度モスクワへ出かけて行って一九三九年九月二八日付けで調印した、独ソ境界ならびに友好条約の秘密補足議定書(一九三九年九月二八日)によって、独ソ不可侵条約の秘密付属議定書の内容を修正し、リトアニアをソ連に譲る代わりに、ドイツがルブリン州全域とワルシャワ州の一部とを獲得したことを意味する。

モロトフが、このようなスターリンの見解を発表したことは、翌一一月一三日における、モロトフとヒトラーとの激突への導火線となった。モロトフは、物騒な火種を持ち込んだあと、三国同盟の意義についての質問に移行した。ヨーロッパとアジアとにおける新秩序とは何を意味するか、ソ連は、そのなかでいかなる役割を与えられるのか。こういった問題について、今回のベルリン会談と、予定されているドイツ外相のモスクワ訪問とを通して、論議が行われなければならない、と。

このように述べたモロトフは、ブルガリア・ルーマニア・トルコなどにかかわるソ連の利害関係についても、明瞭にしなければならない、ソ連政府は、ヨーロッパの新秩序、とくにその形成のテンポと形態とに関心を持っている、ソ連政府はまた、いわゆる大東亜圏の境界についても知りたいと思っている、と付け加えた。

ヒトラーは、モロトフのこのような問いかけに対して、三国同盟は、ヨーロッパ諸国の自然的利害の領域において、ヨーロッパにおける情勢に秩序を与えるはずであり、ドイツは、ソ連が関心を有する領域で発言するよう、ソ連に歩み寄っているのだ、と抽象的な答え方をしている。

モロトフは、最後まで、日独伊三国同盟の意義と目的とについては、とくに大東亜圏の境界を画定するために、より立ち入った定義が必要である、と食いさがったが、ここで、イギリス空軍がベルリンに飛来して、空襲警報が発令になるおそれがあったので、会見は翌日まで延期されることになった。

❖対等の立場で

ここまでのところでは、モロトフは、時折相手の意表を突く切り込みに出ながらも、全体としては、比較的おだやかな聞き役の立場を守っていた。リッベントロップとの会談でも、ヒトラーとの会談でもそうであった。ところが、一一月一三日、ヒトラーとの第二回の会談では、モロトフは、がらりと態度を変え、ヒトラーのことばを逐一反論し、ヒトラーをすっかり怒らせてしまった。これまでヒトラーは、オーストリアのシュシュニック首相に対しても、その他の各国の代表に対しても、自分の言い分を一方的にいい聞かせることに終始しており、反論があっても、高飛車にこれをたたきつけてしまうのがつねであった。シュシュニックとの会談のはじめに、ヒトラーが、オーストリアがドイツの歴史に対してなした貢献はゼロであると主張し、ベートーヴェンの例があるではないかと反論したシュシュニックに、ベートーヴェンはラインラントの生まれだと切りかえした一幕などは、ヒトラーの、このような、各国代表の遇し方の典型であった（84頁）。

ところが、モロトフは、ドイツの独裁者でありヨーロッパ大陸の覇者であるヒトラーの前に出ても、なんら気おくれするところなく、あくまで対等の立場に立って議論を進めた。これは、ヒトラーのまったく予期しなかったところであった。

ヒトラーはまず、昨一二日の会談で、モロトフが、スターリンの見解そのものであるとことわって、独ソ不可侵条約は、ひとつの例外、すなわちフィンランド問題を除いて、履行されたものと見なすことができると述べた点を取りあげた。モロトフはただちに、自分が昨日フィンランド問題について述べたことは、独ソ不可侵条約そのもののみならず、その秘密付属議定書にも関係する、と述べた。ヒトラーは、モロトフの言葉尻をとらえ、秘密付属議定書のなかでは、独ソ両国のあいだで、両国の影響のおよぶ地帯についても、両国の勢力範囲についてもすでに決着がつけられている、といいかえした。つづいてヒトラーは、事実上の占領地の配分については、ドイツの側では協定を守っているが、ソ連の側では必ずしもそうではない、ともかく、ドイツは、ソ連の勢力圏のなかにはいっている地域をひとつも占領などしていない、と言明した。

ヒトラーは、前日の会談で問題となったリトアニアの場合を取りあげ、この場合には、独ソ不可侵条約の変更は、ソ連側のイニシアティヴによって行われたのであり、ドイツの獲得したルブリン州は、経済的にみれば、ドイツが放棄したリトアニアの代償にはなっていない、と主張した。ヒトラーによれば、ブコヴィナに関しては、独ソ協定のなかには規定が存在しない。独ソ協定では、ドイツがベッサラビアに関心を持たないということだけが述べられている。にもかかわらず、ドイツは、リトアニアについても、ブコヴィナについても、事態の進展により協定の取り決めを変更する必要が生ずる場合があることを認めて、ソ連の行動を承認してきたのである。

❖フィンランドとルーマニアをめぐって

ヒトラーによれば、フィンランドに対するドイツの態度は、リトアニアやブコヴィナに対する態度とほとんどおなじであって、ドイツは、フィンランドに政治的関心を持たないし、ソ連・フィンランド戦争の際には、好意的中立の義務を忠実に守ったのである。ドイツは、独ソ協定に従って、フィンランドが政治的にはソ連の勢力圏内にあることを承認している。しかしながら、ここで、ドイツの立場からは、二つの問題点が浮かびあがってくる。それは第一に、戦争の遂行のために、ドイツは、フィンランドが産出するニッケルと木材に極めて強い関心を持たざるをえないこと、第二に、ドイツは、バルト海で新しい衝突が生ずることを望んでいないこと、この二点である。バルト海で新しい衝突が生ずると、これは、ドイツに残されているわずかな、貿易のための水域における、ドイツの行動の自由を、さらにせばめる結果となる。

フィンランドがドイツ軍によって占領されているという主張はまったく間違っている。フィンランドを通ってキルケネス（ノルウェー領）へ向けて軍隊の輸送が行われているが、このことは公式にソ連に通告してある。途中の旅程が長いので、その際、ドイツ軍をのせた列車は、二、三度フィンランドの領内で停止しなければならない。けれども、分遣隊の輸送が終わり次第、もはやフィンランドを通過する部隊はなくなる。また、バルト海がふたたび戦場とならぬことは、独ソの共通の利益である。ソ連・フィンランド戦争後、イギリスが長距離爆撃機や遠洋駆逐艦を持つに至ったので、イギリスが、フィンランドの空軍基地に駐留する可能性が生じてきた。このように述べて、ヒトラーは、ドイツが、フィンランドはソ連の勢力圏内にある事実を認めており、ドイツとしてはフィンランドに対する領土的野心のないことを、モロトフに理解させようとしている。

これに対し、モロトフは、独ソ不可侵条約は、ドイツの勝利に有利に作用した、と切りかえした。ブコヴィナ問題については、秘密付属議定書のなかでは触れられていない問題であることは認めつつも、モロトフは、ソ連はその要求をさしあたり北ブコヴィナに限定したけれども、南ブコヴィナに対しても関心を持っているのであり、ドイツに南ブコヴィナについて問い合わせを行ったのに、ドイツは回答をよこさず、かわりにルーマニア領土全体をドイツの保護下に入れてしまった、とドイツの態度を非難した。

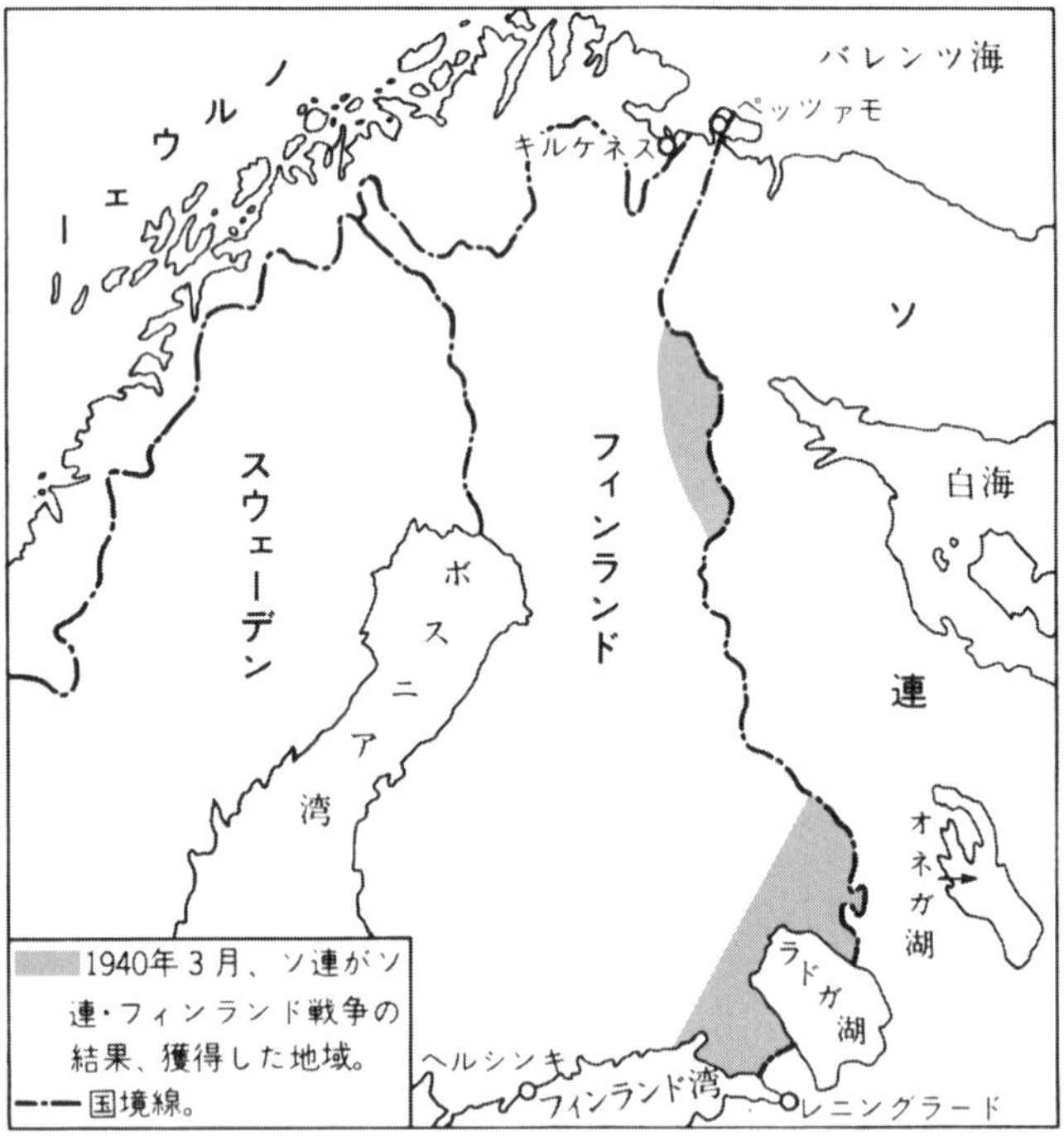

北ヨーロッパ（1940年11月）　参考文献㊸より作成。

ヒトラーは、ブコヴィナが、たとえその一部たりともソ連の占領下にはいることがあれば、そのことは、ドイツ側の大幅な譲歩を意味する、と答えた。ヒトラーは、旧オーストリア帝国の領土はドイツの勢力範囲にはいることになっているはずだ、と述べ、ソ連の勢力範囲にはいる部分は、ベッサラビアのように、独ソ不可侵条約の秘密付属議定書に明記されており、ブコヴィナについては、何もそこには記されていなかった、と主張した。モロトフは、リトアニアの一部やブコヴィナについてソ連が要求しているものは、ドイツが戦争で獲得した膨大な領土にくらべればものの数ではない、と述べたが、ヒトラーは、戦争によって獲得したものは、独ソ協定の対象外だ、と反論した。

ブコヴィナは、一九一八年に解体されたオーストリア帝国、正確には、オーストリア-ハンガリー二重帝国の領土であり、第一次世界大戦後、大戦における戦勝国の一員であったルーマニアの所有するところとなった。ソ連政府は、四〇年六月二三日、ドイツ政府に対し、ベッサラビアとブコヴィナとをルーマニアから武力にうったえてでも奪取する意向である、と通告し、同二八日、ベッサラビアと北ブコヴィナに武力進駐を実行した。六月二三日の要求に接して、ドイツ政府は、ベッサラビアについては承認するが、ブコヴィナについては、この地方がかつてオーストリア領であったため、多数のドイツ人が居住しており、ソ連の要求を承認することはできぬ旨を回答していた。ソ連側が、ブコヴィナへの要求を、その北部に限ることにした、とドイツ側に通告してきたので、ドイツ政府は、ルーマニア政府に向かって、ソ連の要求を呑むよう勧告した。こうして、六月二八日のソ連による合併が実現したのである。

❖フィンランド問題に固執

ここで、ヒトラーは、独ソ協力の必要性について、ひとくさり演説を試みたが、モロトフは早速、独ソ関係を安定させるためには、たとえ第二義的な問題であっても、独ソ関係の雰囲気を悪化させる問題は、解決しておかなければならない、フィンランド問題もそのひとつである、とふたたび釘をさした。そして、モロトフは、独ソがよく話し合えば、フィンランド問題は戦争に至らずに解決されるであろうけれども、ドイツ軍がフィンランド国内にはいることも、ソ連政府に反対する政治的示威行為がフィンランド国内でなされることも、許されないことだ、と力説した。

このようなモロトフの非難に対して、ヒトラーは、ドイツは反ソ示威行為など一切行っていない、ドイツ軍は、一般的な解決がなされれば、もはやフィンランドにはいることはないと保障できる、と反論した。モロトフは、フィンランド代表のドイツへの派遣や、フィンランドの名士がドイツで歓迎されたことなども、示威行為と理解する、と述べ、ドイツ軍の存在が、フィンランドの態度をあいまいなものにしている、と述べたてた。そして、モロトフは、ソ連政府は、フィンランド問題の最終的解決を、自己の義務と考えており、この解決のためには、新しくドイツと協定を結ぶ必要はない、古い独ソ協定、すなわち独ソ不可侵条約は、フィンランドをソ連の勢力範囲のなかに含めている、と述べ、あくまでフィンランド問題に固執する態度を明らかにした。

ヒトラーは、フィンランド問題についての結論として、ドイツは、バルト海で戦争がおこることを望んでいないこと、そして、ドイツは、ニッケルと木材との供給地として、フィンランドを絶対に必要とすること、しかし、政治的には、ドイツはフィンランドに関心を持っていないこと、ドイツ軍の輸送はまもなく終了し、そのあと、フィンランドにドイツ軍が送り込まれることはもはやないこと、以上を列挙したあと、ドイツにとっての決定的な問題は、ソ連がフィンランドと戦争を行う意図を持っているかどうかだ、とすごみをきかせた。なおニッケル鉱山ではペッツァモが名高い。

このあと、フィンランドをめぐる戦争が万が一おこった場合についての問答がつづき、アメリカが、フィンランドをめぐる紛争に干渉してきた場合に、ソ連はアメリカに宣戦を布告する用意があるか、とヒトラーがモロトフに質問する一幕などが展開された。あくまで、フィンランドをソ連に渡せと主張しつづけるモロトフに、ヒトラーはすっかりうんざりしたらしい。ヒトラーは、フィンランドがソ連の勢力範囲にはいることについては、独ソ双方は意見が一致しているのであるから、これについてさらに、第二のソ連・フィンランド戦争というような仮定の場合を想定して純理論的な討論をつづけるよりも、もっと重要な問題に移りたい、と前置きして、つぎのような見通しを述べた。

❖ヒトラーの世界同盟構想

イギリスが屈服したあと、イギリスの世界帝国は、四千万平方キロの巨大な破産財産として、分配されることになるであろう。この破産財産のなかに、ソ連にとっての、氷結しない、本当の公海への出口があるであろう。四、五〇〇万という少数のイギリス人が、これまで、イギリスの世界帝国の六億の住民を統治してきた。自分（ヒトラー）は、この少数者を、まさに壊滅せしめようとしている。アメリカもまた、今からすでに、この破産財産のなかから、若干の、合衆国にとくに適した断片を取り出すという以上のことは、本来何もやっていない。ドイツは、当然のことながら、世界帝国の心臓部、すなわちイギリス本国に対する作戦のさまたげになる一切の紛争を避けたいと望んでいる。それ故、自分にとっては、イタリアのギリシアに対する作戦もまた、好ましくないものである。なぜなら、この作戦は、兵力を、イギリスに対抗するという一点に集中させないで、周辺に分散させるからである。バルト海で戦争がおこった場合には、同様の事態が生ずるであろう。イギリスとの対決は、最後の最後まで戦いぬかれるであろう。そして、自分は、イギリス本土の敗北が、イギリス帝国の崩壊をもたらすであろうということに、何の疑いも持っていない。この世界帝国が、例えばカナダから統治されるであろうというのは、夢想に過ぎない。

このような情勢のもとで、全世界にわたる展望が開けてくる。つぎの数週間のうちに、ソ連との外交交渉において、この展望が明らかにされなければならない。そして、ソ連の、これらの問題の解決への参加が明確にされなければならない。この破産財産に利害関係を持つすべての国々は、お互いのあいだのすべての争いをやめなければならぬ。そして、イギリスの世界帝国の分配だけに専念しなければならない。このことは、ドイツ・フランス・イタリア・ソ連および日本についていえることである。

ヒトラーは、イギリス政府のカナダ移転など夢想に過ぎないと述べているが、一九四〇年秋当時には、イギリス政府はロンドンをすててカナダに移るであろう、といった観測が流れていたことも事実である。

ヒトラーは、さらに、自分はスペイン・フランス・イタリア・ドイツ・ソ連および日本よりなる世界同盟の創設を欲しており、この世界同盟は、イギリスの破産財産の分配に参与するすべての国国の利益共同体となろう、と説明した。ヒトラーによれば、このような世界同盟をつくりあげるためには、それに加入する諸国間の軋轢《あつれき》の解決が先決条件であるが、スペイン・フランス・イタリアおよびドイツのあいだでは、すでに和解が成立している。そして、ヒトラーは、つぎのように付言した。

このようにして、西側に解決がもたらされたのであるから、今や東側でも合意が求められなければならない。ここで問題となるものには、ソ連とトルコとの関係に限らず、大アジア圏をめぐる関係も含まれる。大アジア圏は、大東亜圏ばかりでなく、南に伸びた、そして、ドイツによってすでにソ連の勢力圏と認められた純粋のアジアの地域をも含んでいる。したがって、諸民族の将来の活動のために、おおよその境界を確定し、諸国家に対して、そこにおいて諸国家が五〇年から一〇〇年にわたって、満足のゆく活動領域を見出しうるような、広い空間を分配することが重要なのである。

❖最後の論議

ヒトラーの演説がここで一段落つくと、モロトフは、ただちに、ヒトラーがヨーロッパをこえて他の領域にもかかわる諸問題に触れたが、私はさしあたり、ヨーロッパにより近い、トルコ問題を論じたい、と切り返した。モロトフはまた、ドナウ河の国際管理についても未解決の点が残っているし、ルーマニアに関しては、ソ連は、ルーマニアがソ連に相談せずにドイツとイタリアの保障を受けいれたことに、不満の意向をすでに表明しておいた、と述べ、四〇年八月の「ウィーン裁定」(187〜189頁)を非難した。ルーマニア保障はソ連の利益に反する、といい切ったモロトフに対し、ヒトラーは、当分この保障は必要であり、撤回できない、と答えた。

ダーダネルス・ボスポラス両海峡ならびにブルガリアについてもはげしいやりとりがかわさ

れた。そのあとヒトラーは、ルーマニアをして平和裡にベッサラビアをソ連に譲渡させるためには、「ウィーン裁定」という方式以外ありえなかったし、また、ルーマニアを、ドイツとイタリアとは、その油田の故に絶対に守らなければならない、と述べた。

ドイツがルーマニアに対して行ったような保障を、もしソ連がブルガリアに対し行った場合には、ドイツはどう考えるか、とモロトフは、くりかえしてヒトラーにせまり、ヒトラーの答えを要求した。ヒトラーは、ブルガリアが、そのような保障を求める要求を出しているかどうかが問題であって、自分の知る限りそのような事実はないし、イタリアの意向も聞かなければ、これについて意見は何も述べられない、とつっぱねている。

最後に、モロトフは、日ソ関係が最近改善されたことに触れ、この関係改善はますます急速に進展するようになるであろうが、自分は、日ソ関係改善のためのドイツ政府の努力に感謝する、日中関係については、その調停に努力するのは独ソ両国の任務であるが、その際、中国にとって名誉ある解決が確保されなければならない、日本がインドネシアに野心を示している現在、ますます然りである、と述べ、この日の、そして永久に最後のものとなった、ヒトラーとの会談を終えた。

エピローグ

ヒトラーとモロトフとが、一九四〇年一一月一三日に行った会談は、第二次世界大戦が勃発して一年以上を経た時点における、独ソ両国の利害を、双方が、一切のかくしだてや外交上の配慮をぬきにして赤裸々なかたちで主張し投げつけあったものである。フィンランド、ルーマニア、ブルガリア、ブコヴィナとベッサラビア、ダーダネルス・ボスポラス両海峡をめぐり、両国は真正面から対立した。とくに、フィンランドとルーマニアとをめぐる対立は深刻であった。モロトフの口を通じて、スターリンは、三九年八月二三日の独ソ不可侵条約の秘密付属議定書第一項に、フィンランドは、バルト諸国とならんでソ連の支配圏にはいることが明記されているのであるから、ドイツがフィンランド北端にあるノルウェー領キルケネスへ軍隊を輸送する必要がある、などと称して、ソ連の勢力範囲であるフィンランドにドイツ軍を入れることはけしからぬかぎりであり、ただちにフィンランド領からドイツ軍を撤退させよ、とせまる態度を明らかにした。ヒトラーは、ドイツ軍がフィンランドとルーマニアで軍事行動を行っているのは、ソ連とことなり目下の戦争に完全にまき込まれてしまっているドイツの、戦争遂行上必要な行為であり、ドイツは、フィンランドにもルーマニアにも、なんの領土的野心も持っていないと力説したが、モロトフは承知しなかった。モロトフは逆に、ドイツがルーマニアに対してやっていることを、ソ連がルーマニアの隣国ブルガリアに対してやった場合には、ヒトラーはいかなる反応を示すのか、と食いさがった。戦争遂行のためには、ルーマニアの石油資源に依存を強いられているドイツにとり、ソ連がルーマニアの隣国ブルガリアを保護国化するなどということは、ドイツの石油資源への直接の脅威であり、許すべからざる行為であった。ソ連はすでに、ルーマニアからブコヴィナ北部とベッサラビアを奪いとっていた。この両地方は、石油の産地ではないので、ヒトラーも、いやいやながら黙認したが、ルーマニアの石油産出地帯そのものにソ連の手がのびることは、到底黙過できないところであった。ヒトラーは、ソ連はフィンランドやバルカン地方などというけちな権益にこだわらず、日ソ独伊四国で大英帝国の遺産を分割することに目を向けるべきだと力説したが、モロトフは、そんな夢のような話より、ソ連にとって切実なのはフィンランドとバルカンである、と切り返し、一歩も譲ろうとしなかった。

会談の決裂は明らかであった。一三日の午後、リッベントロップは、もう一度モロトフと会見し、「日ソ独伊四国協定」についての自分の草案を提示したが、モロトフは、事柄は重大であるから、モスクワに帰ってスターリンに相談して回答する、と約束し、イギリス空軍の爆撃におびやかされていたベルリンをあとにした。イギリス首相チャーチルの回顧録によれば、モロトフは、イギリスの駐ソ大使スタフォード＝クリップスに向かい、自分はベルリンでリッベントロップに、大英帝国の崩壊がドイツ外相の主張される通り目前にせまっているのならば、今ベルリン上空をあばれまわっているのは、どこの国の飛行機なのか、と切り込んでやった、とベルリン訪問の思い出を語ったといわれる。このことばは、会談の記録には残っていないが、記録には、モロトフが最後に、空襲警報のおかげでドイツ外相とこのように徹底的に会談ができたわけであり、この点で警報が出たのはすこしも残念ではなかった、と力説して、リッベントロップと丁重な別れのあいさつをかわした、とある。

スターリンは、四〇年一一月二五日、モロトフの約束どおり、ヒトラーへの回答を発した。その内容は、ソ連政府は、ドイツ外相が示した「日ソ独伊四国協定」に、つぎの四つの条件つきで加盟する準備がある、というもので、その四条件が列挙されていた。

㈠　ドイツ軍は、三九年の独ソ不可侵条約のとおりに、ソ連の勢力圏に属するフィンランドから即刻撤退せよ。ただし、フィンランドからドイツへの、木材とニッケルの供給は、ソ連が保障する。

㈡　ソ連は、来る数か月以内にブルガリアと相互援助条約を結び、また、ダーダネルス・ボスポラス両海峡地方に、ソ連の陸海軍基地を設ける。このことをドイツは了承してほしい。
㈢　ソ連の領土的希望の中心は、バツームおよびバクーの南からほぼペルシア湾に至る地域に存することを了承してほしい。
㈣　日本は、北カラフトにおける石油と石炭の採掘権を放棄すること。

この四条件は、モロトフがベルリンで主張した基本線から一歩もひきさがるものではなかった。ヒトラーは、この四条件を法外な要求であると断定し、独ソ開戦の決意を最終的に固めた。そして、四〇年一二月一八日、独ソ戦準備の統帥部指令第二一号（バーバロッサ作戦指令）を発する。

モロトフおよびスターリンとヒトラーとの対決で重大な転機をむかえた独ソ関係について、問題が二つ残されていると思われる。

第一は、ヒトラーが独ソ開戦の決意をしたのは、モロトフとの会談のあとなのか、それとも、先に見た、四〇年七月三一日のベルヒテスガーデンの山荘における秘密会談の席上でなのか、という問題である。はっきりと後者の説をとっているのは、現在のところ、アメリカの歴史学者ワインバーグただひとりである。この説をとるワインバーグは、したがって、モロトフ・ヒトラー会談には、大した歴史的意義はなかった、と考える。五三年、西ドイツの「現代史四季報」誌上ではじめて公表されたワインバーグの学説は、西ドイツの学界で、はげしい批判をあび、ワインバーグもまた、ただちに反論した。ワインバーグは、七二年に再版された彼の著作『ドイツとソ連、一九三九―一九四一年』の第二版（第一版は一九五四）でも、依然その立場を変えていない。しかし、一般には、ヒトラーが独ソ戦を決意したのは、モロトフおよびスターリンとの、四〇年一一月なかばの対決のあとであり、ベルヒテスガーデンの秘密会談当時は、まだ最終的な決断はくだしていなかった、と見られている。しかし、ベルヒテスガーデンにおけるヒトラーの発言はかなり断定的なものであり、なお疑問が残る。ワインバーグと対立するフィリップ＝ファブリは、あのときのヒトラーの言明を、自分たちは最終決定とは受けとらなかった、という、ハルダー日記の記録をつけたハルダー自身の、戦後の陳述をてこにして、ハルダー日記の四〇年七月三一日についての記述そのものをくつがえそうとしている（156頁以下参照）。

第二に、スターリンは、いったいどのような考えから発して、モロトフにあれほど挑発的な態度をとらせ、また、あのように非妥協的な回答をしたのか、という問題がある。戦争準備の態勢をととのえていなかったスターリンが、四〇年一一月というはやい時期に、独ソ戦を挑発することを切望していた、とは考えにくい。スターリンは、ドイツ軍の戦車部隊が、日本軍のそれのように、赤軍戦車部隊の前にはブリキ張りの玩具に等しい弱体なものだ、などとは考えていなかったであろう。ドイツ軍の戦車は、三八年三月、オーストリア進駐に際し、一説では前述のごとく七割が中途で故障して動けなくなった、というような状態からは、大幅に改善されていたはずである。逆にドイツは日本軍とことなり、赤軍と対等に戦える戦車を持った世界唯一の国家であった（83頁参照）。

第二次世界大戦についてのソ連側の正式な戦史である『大祖国戦争史』（邦訳書名は『第二次世界大戦史』、川内雅彦訳、第二巻、弘文堂、二四〇頁）は、当時としては世界最優秀といわれたKV型重戦車と、T34中型戦車の保有量について、三九年はゼロ、四〇年ではそれぞれ二四三台と一一五台、独ソ開戦までの四一年前半では三九三台と一一〇台という数字をあげている。『ジューコフ元帥回想録』は、開戦までに赤軍は七〇〇〇台以上の各種戦車の供給を受けたが、かんじんのこれら二つの型の供給はひどくおくれていた、と述べている（同訳書、朝日新聞社、一五四頁）。また、開戦時にソ連に攻め込んだドイツ軍戦車が約三八〇〇台であったのに対し、国境付近に配置されていた赤軍戦車はわずか一八〇〇台であった事実から判断しても、四〇年当時のソ連の臨戦体制は、完成にほど遠いものがあったことは間違いない。

ここから、第二の問題に関してひき出される結論は、四〇年一一月のベルリン会談に際し、スターリンは、会談を決裂させて独ソ開戦を急ぐ意向はなかった、というものとなろう。それでは、ヒトラーに対するソ連側のあのように強硬な態度は、どう説明したらよいのであろうか。

おそらく、スターリンは、ヒトラーが対英戦に手足をしばられており、対ソ戦を早急に実行する余裕はないから、この際ドイツの弱味につけ込み、できる限りの譲歩をヒトラーからひき出すことをねらったものと思われる。さらに、スターリンは、交渉の冒頭で最大限の要求をたたきつけ、ヒトラーの反応を見た上で、ゆっくりと取り引き、バーゲーニングにうつろう、と考えたのかもしれない。四一年二月末まで、スターリンが回答へのヒトラーの再回答を要求しつづけていた事実は、おそらくこのような取り引きへの意思を示すものであろう。三月二日、ドイツ軍はソ連のねらっていたブルガリアに進駐し、ヒトラーの挑戦的な態度はかくれもないものとなった。

四一年三月二七日、ユーゴスラヴィアに反独クーデターが発生し、四月六日、ベオグラードの新政府がソ連と不可侵条約を結んだことは、独ソ関係を一層悪化させた。しかし、このあと、スターリンは、ヒトラーに対する「宥和」政策に転ずるのである。四月一三日、小雪のちらつくモスクワ駅頭に、異例にもみずから松岡外相を見送りに来たスターリンが、ドイツ大使シューレンブルクに近づき、「我々は友人でありつづけなければなりません。貴方がたはそのためにいますべての努力をかたむけなければなりません」と強調してその手を固くにぎりしめたことも、その表れと見られる。より具体的な動きは、五月三日、スターリンが、イラクの親独政権であるラジド＝アリ政府を承認したこと、また、五月なかばまでに、ノルウェー・ベルギー・ユーゴスラヴィア三国の亡命政権の外交官たち、つまりヒトラーに滅ぼされた国々の外交官たちを、ソ連から追放したこと、そして、五月六日に、スターリンみずから首相に就任し、対独「宥和」政策推進の姿勢を明らかにしたこと、以上三つの事実に見られる（『サーベー』一九七〇年夏季号所収マウリ＝リザン論文）。スターリンは、少なくともあと一年、ソ連の臨戦体制がととのうまで、独ソ開戦をひきのばそうと必死になったものと思われる。

このようなスターリンの対独宥和は効を奏さず、四一年六月二二日、独ソ戦が開始される。開戦当日、ドイツ外相からソ連側に渡された覚書は、開戦理由のひとつとして、ベルリン会談に際してのソ連の敵対的態度を特記していた。

スターリンの側は、明らかに戦争準備が不足していた。最終段階での対独宥和政策は、戦争準備に混乱を来させていた。戦争の初期の、ドイツ軍の圧倒的勝利は、このようなソ連側の準備不足を証明している。しかし、きびしい「冬将軍」の早期到来は、ドイツ軍の破竹の進撃をはばむこととなった。ユーゴスラヴィアのクーデターは、松岡外相のベルリン滞在中におこったが、このクーデターにより、ドイツ軍のベオグラード進駐という、予定表になかった行動が必要となり、クーデターは鎮圧できたものの、五月一五日に予定されていた独ソ開戦が一月以上の延期を余儀なくされたことも、ドイツ軍には決定的に不利に作用した。その結果、「冬将軍」到来前にソ連を屈服させるという計画は実現不可能となったのである。

ソ連とのあいだに、ヒトラーの欲しない日ソ中立条約を結んだ日本は、リッベントロップの要請に耳をかさず、独ソ戦には協力しなかった。そして日本は、四一年一二月、対米開戦を行った。ヒトラーは、一二月一一日、日本のあとにつづいて対米宣戦布告を行い、ムッソリーニもこれに従った。このとき、ヒトラーが、対米戦に踏み切らなければ、ドイツには、行動の自由のための若干の余地が残されたであろうという見解もある。日独伊三国同盟に規定されていたのは、自衛のための戦争の場合の軍事協力についてだけであり、明らかに日本からしかけた戦争に協力する条約上の義務は、ドイツにもイタリアにもなかった。

遠くはなれ、危険をおかして潜水艦でわずかに連絡を取り合うのがやっとであった日本と、開戦前の強がりにくらべ、話にならぬほど軍事上弱体であることが暴露されたイタリアを同盟国とし、事実上世界を敵としたヒトラーの末路はよく知られている。四三年一月、スターリングラードのドイツ第六軍は、全員赤軍に降伏し、四四年六月、北仏ノルマンディーに上陸した英米の連合軍は、ドイツ第七軍を壊滅させた。四四年七月二〇日、ドイツ陸軍の将校たちによるヒトラー暗殺計画は、ささいな偶然から失敗に終わったが、この暗殺をのがれたことを神意によるものとしたヒトラーも、四五年四月三〇日午後三時三〇分、前夜に結婚した女性秘書エヴァ＝ブラウンとともに、赤軍に制圧されたベルリンの、総統用防空壕のなかで自殺して果てた。

ハンブルクの名もないはたご屋に身をひそめていたリッベントロップも、赤軍に逮捕され、ゲーリングはインスブルックの近くで米軍に逮捕された。彼らはやがてニュルンベルクの国際軍事法廷にひき出され、死刑の判決を受ける。ヒトラーのいうなりに動いたカイテル元帥も処刑された。ムッソリーニは、四五年四月、北伊コモ湖畔でとらえられ、パルチザンに殺された。その女婿チアーノ外相は、四四年一月、ムッソリーニへの反逆の故をもって、ムッソリーニ政府によって処刑されている。近衛文麿は四五年一二月に自殺、松岡洋右は翌年六月に病死した。かくて、本巻の主要な登場人物のうち、モロトフだけが、一九八六年まで九六歳の長寿を保った。

ヒトラー研究は、ヒトラーの重要な相手方となったスターリン関係の史料がほとんど公開されておらず、また、ヒトラーの周辺に居たり、ヒトラーと交渉を持った証人たちがしだいに世を去ってゆくために、必ずしも容易ではない。しかし、世界的に進められているヒトラー研究は、さらに多くの成果をもたらし、ヒトラー像を今後ますます精緻《せいち》なものとしてゆくであろうことが期待される。

ところで、ヒトラーは狂人であったといわれ、あるときはヒトラー個人の病的な心理が、あるときはドイツの歴史そのものにひそむ狂気が、説明に際してひきあいに出される。しかし、まったくの狂人が、一四〇〇万もの得票を集め、この票数を圧力につかって、ドイツ政界の大物たちと取り引きをして首相にのしあがり、ドイツの独裁者となってドイツ周辺部の併合に成功する、などということはありえない。ユダヤ人の大量虐殺のごとき、狂気の極限としか思われない行為も、ヒトラーが、緻密な計算に基づく大衆心理の巧みな把握を通じてドイツに自己の独裁体制をきずきあげたことによってはじめて可能となったことを忘れてはならない。ヒトラーの心のなかには、はかり知れぬ狂気と、細心で鋭い計算、計画性とが同居している。このことは、ヒトラーが一歩ずつ国家権力を掌握していった過程に見られるばかりでなく、ヒトラーの外交と、戦争指導とのなかにも、はっきりとうかがわれる。

ヒトラーの外交と戦争指導とが、どの程度まで『わが闘争』に示された彼の政治思想の具体化であり、どの程度まで、『わが闘争』の執筆時には予想されなかった、国際政治上の条件へのそのつどの対応策であったかを、明確に分離して測定することはむずかしい。この政治思想のなかにこそ、大いなる狂気がひそんでいた。それは、ユダヤ人抹殺と、ドイツの版図をソ連の領土内に食い込ませ、大ドイツ帝国を建設するという、二つの目標からなっていた。

いずれにせよ、オーストリア合併を達成する時点までのヒトラーは、「ホスバッハ覚書」の見取図どおり、イギリスもフランスもまたイタリアも武力介入に踏み切らぬことを計算した上で、それなりに慎重にことを運んできた。しかし、それ以後のヒトラーには、このような慎重さが見られなくなる。

そして、独ソ戦の問題については、それがヒトラーの政治思想の延長線上にあることは否定できないが、独ソ不可侵条約から独ソ開戦までの期間に、『わが闘争』においては予測されていなかった多くの偶発的な事件が連続しておこっている。これらの偶発的な要因に、ヒトラーが、オーストリア合併までの対英仏外交のような慎重さをもってひとつひとつ注意深く対処したかというと、そうではない。四〇年一一月、ベルリンにモロトフを派遣したスターリンの意図を、ヒトラーが正しく見ぬいたとは思われないし、ユーゴスラヴィアの反独クーデターという偶発事件への対処も、あわてふためいたものであった。ともかく、スターリン治下のソ連について、ヒトラーが大きな誤算をおかしたことはたしかである。強硬なモロトフの態度のうらに、スターリンがヒトラーとの妥協への伏線をかくしていたことにヒトラーは気づかなかったし、何よりも赤軍の実力について、ヒトラーは致命的な計算違いをしていた。

ヒトラーのもうひとつの重大な誤算は、アメリカの動向を見通すことができなかったことにある。本書では、アメリカについてのヒトラーの態度をくわしく取りあげることはできなかったが、ヒトラーのアメリカ観はひどく漠としたものであった。ヒトラーは、ドナウ河の支流のイン河のほとりに生まれ、ドナウ河の近くで少年時代を過ごし、ドナウ河をくだったウィーンで青春時代を過ごした。ヒトラーは結局ドナウの子であり、中央ヨーロッパの人間であって、その視野は、大西洋を越えてアメリカまでひろがることはなかったのだ、ともいうことができよう。ヒトラーにとって予想外に強力なものとなっていた米ソの武力と物量の力の前に、ヒトラーは自滅する。ヒトラーが自殺して果てたあとの戦後の歴史は、まさに、ヒトラーがその実力の測定をあやまった米ソ両国が、かつての大英帝国にかわって、超大国として世界を二極構造へと編成変えすることから出発したのである。

本書の第三章でくわしく検討したように、ヒトラーの対ソ開戦計画そのものは、ヒトラーの政治思想としての反共イデオロギーの帰結としてではなく、イギリスを屈伏させるための不可欠の前提として決断された。この意味でヒトラーは、ナポレオンとおなじあやまちをおかした。春秋の筆法をもってすれば、ドイツの東西分裂に最大の貢献をしたのはヒトラーである。ヒトラーは、米ソに関する誤算から、両国を戦争にひき込み、結果的に、超大国と化した両国を世界史の舞台の正面によび出したのである。

「新訂版」あとがき

四〇年以上前に執筆した旧著の新訂版が刊行されるのは、著者にとり嬉しい限りである。旧著の「はしがき」に記した、扱う時期を限定しての集中的な叙述、日本への言及、すなわち日独関係への着目、史料の尊重という旧著の基本的な立場は、当時、それなりの成果を挙げたと考えている。しかし、それから四〇年以上の年月の間に、ヒトラー研究については膨大な業績が積み上げられているし、特にこの時期の日独関係についての我が国での研究の進展はまことにめざましいものがある。このような我が国でのこの分野での研究の進展について、今回の新訂版刊行にあたって巻末の参考文献にある程度収録することをめざしたが、限られた時間の中では十分なことは到底できなかった。

短期間とはいえ、同盟締結にまで至ったあの時期の日独関係は、我が国の歴史の中でも、特異な出来事というべきであろう。しかも、その同盟の相手国の首領は、未だに謎の多いヒトラーその人であった。ムッソリーニのイタリアも同盟に加わった訳であるが、何といってもこの時期の歴史の中で中心的な役割を果たしたのはヒトラーである。我が国の前途有為の学徒の手によって、ヒトラー現象という特異な現象についても、またこの時期の日独関係それ自体についても、更に一層の研究成果が達成されることに大いに期待したい。

史料に関して言えば、ドイツ外交文書をはじめとする多くの史料が無傷のままで米国を先頭とする連合国の手中に帰したことは、ヒトラーが中心的な役割を果たしたこの時期の研究のためにはよろこばしい事態といえるであろう。当時の政治で中心的な位置にあったのは日本陸軍であるが、その日本陸軍関係の史料が、昭和二〇年八月一五日の日本降伏から連合国最高司令官のマッカーサーが厚木飛行場に進駐するまでの時期に焼き払われた我が国の場合と比較しても、ドイツでのこの事態は研究のために幸運であったと言うべきである。願わくは、モスクワの文書館に死蔵されているであろうヒトラー関係や独ソ関係についての極めて多くの史料が、部分的にであれ公開されてほしいものである。

本書は、できるだけ史料をして語らしめる、という立場で執筆されているために、やや読みにくい叙述となっているかも知れないが、このような立場は史実の恣意的な解釈を排する意味でも、基本的には正しいものと著者は今でも考えている。本書が新訂版の刊行を機会に読み継がれ、あの激動の時期の歴史を思い起こし、あの時期の意味を考える上での何らかの参考になることを願ってやまない。

二〇一七年四月一〇日

三宅　正樹

ヒトラー年譜

算用数字は月・日を表す。

西暦	年齢	年譜	参考事項
一八八九		4・20 アドルフ＝ヒトラー、オーストリア＝ハンガリー帝国のドイツとの国境ブラウナウで生まれる。	7・15 パリで第二インター結成（〜一九一四）。
九二	3	パッサウに移住。	8・17 ロシア＝フランス軍事協定成立。
九五	6	ハーフェルトに移住し、小学校に入学。	4・17 下関講和条約。
九七	8	ランバッハに移住。	11・14 ドイツ軍膠州湾占領。
九九	10	レオンディングに移住。	10・12 ボーア戦争南アフリカで勃発。
一九〇〇	11	9月 リンツの実科学校に入学。	6・20 独公使ケッテラー北京で殺害。
〇三	14	1・3 父アロイス＝ヒトラー死す。	10・2 露墺両皇帝会見。
〇四	15	成績不良につきシュタイルの実科学校に転学。	2・10 日露戦争おこる。
〇五	16	同校を退学。母クララとともにリンツに移る。	1・22 ロシアで「血の日曜日」事件おこる。
〇七	18	9月 ウィーンの美術学校を受験して落第。 12・21 母クララ＝ヒトラー死す。	6・15 ハーグで国際平和会議開催。 8・31 英仏露三国協商成る。
〇八	19	2月 ウィーンに移住。 9月 ウィーンの美術学校を再受験し落第。	10・6 オーストリア・ハンガリーによるボスニア・ヘルツェゴビナ併合強行。
一二	23	5月 ミュンヘンに移住。	7・1 独仏間にアガディール事件勃発。

一四	25	8・16 バイエルンの連隊に志願兵として入隊。	8・1 第一次世界大戦始まる。
一七	28		ロシア革命勃発。
一八	29	10月 ベルギーのイープルで毒ガスにより負傷。 11月 ドイツの敗北をポンメルンの衛戍病院で知る。	11・3 近衛文麿『英米本位の平和主義を排す』執筆。 11・11 パリ郊外コンピエーニュの森で休戦条約に調印。
一九	30	9月 ミュンヘンのドイツ労働者党に入党。	6・28 ヴェルサイユ条約調印。国際連盟成立。
二〇	31	4月 党名をナチ党（国家社会主義ドイツ労働者党）と改名させる。	4・25 ソヴィエト・ポーランド戦争勃発。
二一	32	7月 ナチ党総裁となる。	11・12 ワシントン会議始まる。
二三	34	11・8 ミュンヘンのビアホール一揆。	1・11 仏、白軍のルール占領開始。
二四	35	12・20 ランツベルクの監獄から釈放される。獄中で『わが闘争』を執筆。	1・20 孫文の指導下で中国に第一次国共合作成立。
二九	40	7・1 オットー＝シュトラッサー派離れる。	世界経済恐慌発生。
三〇	41	9・14 ナチ党、総選挙において一〇二議席を獲得、共産党を抜いて社会民主党につぐ第二党に進出。	1・21 ロンドン軍縮会議。 11・14 浜口雄幸首相狙撃される。
三一	42	10・11 ナチ党、フーゲンベルクの国家人民党などと「ハルツブルク戦線」を結成。	9・18 満州事変始まる。

一九三二	43	2・25 ナチ党員のブラウンシュワイク州内相の努力によりドイツ国籍を得る。 4・10 大統領選挙でヒンデンブルクに敗れる。 7・31 ナチ党、総選挙において二三〇議席を獲得し第一党となる。 11・6 再度の総選挙の結果一九六議席に減少。	11・27 瑞金ソヴィエト成立。 3・1 満州国建国宣言。 7・21 オタワで英帝国経済会議が開かれ、ブロック経済成立。 11・29 仏ソ不可侵条約調印。
三三	44	1・30 ヒトラー首相に任命され政権を獲得。 2・27 ベルリン国会議事堂放火事件おこる。 3・5 総選挙によりナチ党は二八八議席を獲得。 3・23 全権委任法の国会通過によりヒトラーの独裁権確立。	3・4 F=ローズヴェルト、大統領に就任（～四五）。 3・27 日本、国際連盟を脱退。 10・24 ドイツも脱退。 12・23 松岡洋右、政党解消運動を始める。
三四	45	6・30 レームらを粛清。 8・2 ヒンデンブルク大統領死す。 8・19 首相兼大統領として「総統」に就任。	6・10 梅津・何応欽協定。 9・18 ソ連、国際連盟に加入。 10・15 中国紅軍の大西遷開始。

三五	46	9・15 ニュルンベルク法を公布し、ユダヤ人の迫害を本格化する。	7・25 第七回コミンテルン大会開催。 10・3 イタリアのエチオピア占領。
三六	47	8・1 ベルリン-オリンピック始まる。	2・26 二・二六事件。 7・18 スペイン内乱勃発。 11・25 日独防共協定成立。
三七	48	11・5 総統官邸でノイラート外相、ブロンベルク国防相、フリッチュ陸軍司令長官らを集めて秘密会議、将来の戦争計画を提示（「ホスバッハ覚書」に記録）。	6・4 第一次近衛内閣成立。 7・7 日中戦争始まる。 11・2 駐華独大使トラウトマンの和平工作始まる。 12・11 イタリア、国際連盟を脱退。
三八	49	1・2 リッベントロップ、「総統のための覚書」作成。 2・4 ブロンベルク、フリッチュ、ノイラートを解任。リッベントロップが外相に就任。 2・12 オーストリア首相シュシュニックとベルヒテスガーデンのヒトラーの山荘で会見。 3・12 オーストリアへのドイツ軍進駐開始。	4・1 日本に国家総動員法発令。 10・29 大島浩、駐独大使となる。 12・6 独仏外相、独仏不可侵共同宣言に調印。

一九三八		3・13　ドイツによるオーストリア合併成立。 3・14　ヒトラーのウィーン入城。 9・15　英首相チェンバレンとベルヒテスガーデンで会談。 9・22　チェンバレン、ヒトラーを再訪問。 9・29〜30　ミュンヘン会談。	
三九	50	3・15　プラハ入城。ボヘミアおよびモラヴィアの保護領化を宣言。チェコスロヴァキア解体される。 8・23　独ソ不可侵条約成立。 8・31　ポーランド攻撃を命令。 9・1　第二次世界大戦勃発。 9・3　英仏、対独宣戦布告。 9・28　独ソ境界ならびに友好条約モスクワでリッベントロップとモロトフにより調印、成立。	3・31　チェンバレン、英仏の対ポーランド援助を保障。 5・12　ノモンハン事変おこる。
四〇	51	5・1　西部戦線における攻撃開始を命令し「奇妙な戦争」の時期は終わりをつげる。 6・22　パリ郊外のコンピエーニュでフランスとの休戦条約に調印。	7・3　オラン港の英仏海戦。 7・11　ペタン元帥、ヴィシー政権首席となる。 7・22　第二次近衛内閣。

		7・31 ベルヒテスガーデンにおける秘密会談で軍首脳を前に対ソ戦計画を提示。 8・30 ルーマニアの領土についてのリッベントロップ・チアーノ両外相によるウィーン裁定。	7・27 大本営政府連絡会議が「世界情勢の推移に伴う時局処理要綱」を決定。 9・22 日本軍北部仏印進駐。 9・27 日独伊三国同盟ベルリンで調印。 10・12 ドイツ軍、ルーマニアに進駐。同日、英本土上陸作戦を春までの延期を決定。事実上断念。 11・12 ソ連首相兼外相モロトフ、ベルリンを訪問しヒトラーと会談。 11・13 モロトフ、ヒトラーと激論。 11・25 ベルリン会談でヒトラーの提案した日ソ独伊四国協定に対するスターリンの回答。 12・18 四一年5月までに対ソ戦（バーバロッサ作戦）の準備を完了することを指令。
四一	52	3・26 松岡洋右外相ベルリン到着。 3・27 ユーゴに反独クーデター。 3・27～28 松岡・ヒトラー会談。 4・4 松岡・ヒトラー会談。 6・22 対ソ戦開始。	4・13 日ソ中立条約モスクワで調印。 4・16 日米交渉始まる。 12・8 日米開戦。
四二	53	1・20 ユダヤ人殺害を決定したワンゼー会議がヒムラーらによって開かれる。	1・18 日独伊軍事協定ベルリンで調印、東経70度のインド洋沖で日本と独伊の作戦区域を分ける。

一九四二		8・22 ドイツ軍スターリングラードへの攻勢を開始。	6・5~7 ミッドウェー沖海戦。
四三	54	1・31 パウルス元帥、ソ連に降伏。スターリングラード攻防戦はドイツの敗北に終わる。 9・12 ドイツ軍がムッソリーニ前イタリア首相を救出。	1・14 カサブランカ会議。 2・1 ガダルカナル島からの日本軍の「転進」始まる。 9・8 イタリア降伏。 11・28 テヘラン会談始まる。
四四	55	6・6 連合軍ノルマンディーに上陸。 7・20 ヒトラー暗殺未遂事件。ベック前陸軍参謀総長自殺。	7・1 ブレトン-ウッズ会議始まる。 7・4 インパール作戦中止。 7・18 東条内閣総辞職。
四五	56	4・22 ソ連軍ベルリンに突入。 4・29 エヴァ=ブラウンと結婚。 4・30 ベルリンの地下壕で自殺。	2・4 ヤルタ会談始まる。 4・1 米軍、沖縄本島上陸。 4・25 サンフランシスコ会談始まる。 5・7~8 ドイツ降伏。 7・17 ポツダム会談始まる。 8・6 広島に原爆投下。

8・8 ソ連対日宣戦布告。
8・15 日本降伏。
10・24 国際連合成立。

参考文献

ヒトラーに関する文献は、欧文・邦文ともに膨大なものがあり、せまいスペースのなかに収めることは到底できない。ここでは、著者が直接間接に参照しえたものを中心にして、そのごく主要なものだけを掲げるにとどめる。

まず、ヒトラーについての伝記的著作としての主なものは以下の七点であるが、このうち①のヨアヒム・フェストのヒトラー伝は河出書房新社から赤羽龍夫他訳『ヒトラー』上下巻として昭和50年に刊行され、②のヴェルナー・マーザーのヒトラー伝はサイマル出版会から黒川剛訳『人間としてのヒトラー』及び『政治家としてのヒトラー』として昭和51年に刊行されている。

① Joachim C. Fest, Hitler. Eine Biographie (Frankfurt/M. -Berlin-Wien. 1973).
② Werner Maser, Adolf Hitler, Legende, Mythos, Wirklichkeit (München und Esslingen, 1971).
③ Helmut Heiber, Hitler. Eine Biographie (Berlin, 1960).
④ Walter Görlitz, Adolf Hitler (Göttingen, 1960).
⑤ Konrad Heiden, Hitler (London, 1936).
⑥ Heiden, A History of National Socialism (reprint 1971).
⑦ Heiden, Der Fuehrer (reprint 1968).
⑧ Adolf Hitler, Mein Kampf, Zwei Bände in einem Buch, Ungekürzte Ausgabe, (München, 1934).

ヒトラーの『わが闘争』は、真鍋良一訳『吾が闘争』上下二巻（興風館、昭和17年）を代表的なものとして、戦前から室伏高信訳など幾種類もの邦訳があるが、現在入手しやすい戦後の新訳は、角川書店刊行の角川文庫版、平野一郎、将積茂訳『わが闘争』（昭和48年初版）である。また、ヒトラーの第二の書といわれるつぎのものにはながらく邦訳はなかったが、平野一郎訳『続・わが闘争――生存権と領土問題』として平成16年に角川文庫で刊行されている。また、同じ平成16年に立木勝訳『ヒトラー第二の書』として成甲書房からも刊行されている。Hitlers Zweites Buch. Ein Dokument aus dem Jahr 1928 (Stuttgart, 1961).
ヒトラー関係の史料集のうち、ヒトラーの演説集としてはつぎのものがある。

⑨ Norman H. Baynes, The Speeches of Adolf Hitler 1922-1939, 2. vols. (reprint 1969).

⑩ Max Domarus, Hitler. Reden und Proklamationen 1932-1945, 2 Bde. (Würzburg, 1962/63).

⑪ Adolf Hitler, My New Order. Hitler's Speeches 1922-1941, edited by Raoul de Roussy de Sales (reprint 1973).

ヒトラーの食卓での会話の記録として

⑫ Henry Picker (Hrsg.), Hitlers Tischgespräche im Führerhauptquartier 1941 bis 1942 (Bonn, 1951).

ナチス戦犯をめぐるニュルンベルク国際軍事法廷の四二巻にわたる記録として

⑬ Der Prozess gegen die Hauptkriegsverbrecher vor dem Internationalen Militärgerichtshof, 42 Bde. (Nürnberg, 1949).

ヒトラーがベルヒテスガーデンの山荘や東プロイセンのウォルフスシャンツェに設けた総統大本営でゲーリング・ヒムラー・シュペールら党首脳ならびにホイジンガー・カイテル・ロンメルら軍首脳と協議した内容についての興味深い記録は、断片だけが残され、つぎのかたちで刊行された。

⑭ Helmut Heiber (Hrsg.), Lagebesprechungen im Führerhauptquartier. Protokollfragmente Hitlers militärischen Konferenzen 1942-1945 (Stuttgart, 1962).

第二次世界大戦についてのドイツ側の正式な戦争日誌に関しては、戦時中から、歴史学者ペルチー゠エルンスト゠シュラムなどを中心として作成の作業が進められていた。シュラムは、ゲッチンゲン大学史学科教授で、元来ドイツ中世史の専門家であった。戦後、シュラムが総編集者となって、一九六一年から毎年一巻ずつ（各巻共に二分冊）刊行された。第一巻はハンス゠アドルフ゠ヤコブセン、第二巻はアンドレアス゠ヒルグルーバー、第三巻は、戦時中、陸軍中尉として応召していた際に一時その作成に協力したワルター゠フバッチュの三人の歴史学者が、編集を実質的に補佐している。⑭³の第九章「ドイツ国防軍総司令部戦争日誌について」に、内容と作成の事情とがくわしく紹介されている。

⑮ Percy Ernst Schramm (Hrsg.), Kriegstagebuch des Oberkommandos der Wehrmacht, 4 Bde. (Frankfurt/M, 1961-1964).

全四巻八分冊にわたる前者は、利用に必ずしも便利とはいえないが、編集協力者のひとりフバッチュによってつぎの抄録版がつくられ、見やすくなった。

⑯ Walther Hubatsch (Hrsg.), Hitlers Weisungen für die Kriegführung. Dokumente des Oberkommandos der Wehrmacht (München, 1965).

一九四〇年七月三一日の記述を本書のなかに引用した陸軍参謀総長フランツ゠ハルダーの日記全三巻は、

⑰ Franz Halder, Kriegstagebuch. Tägliche Aufzeichnungen des Generalstabs des Heeres, bearbeitet von Hans-Adolf Jacobsen, 3 Bde. (Stuttgart, 1962-1964).

本書執筆にあたりもっとも有益であったのは、ヒトラーの外交についての基礎史料としての、つぎの『ドイツ外務省外交文書集』であった。大戦の時期についてのDシリーズは、一三巻の下（一九四一年九月一五日から一二月一一日まで）までで完結し、以下Eシリーズが続いている。

⑱ Akten zur deutschen auswärtigen Politik 1918-1945. Aus dem Archiv des Auswärtigen Amts. Serie D 1937-1945 (Baden-Baden, Frankfurt/M. und Bonn, 1950-1974ff.).

しばしばドイツ外相リッベントロップと交渉して不愉快な経験をかさねたイタリア外相ジァンガレアッツォ=チアーノが、岳父ムッソリーニの手にかかって刑死したあとに残した日記は、二部に分けられ別々の訳者と出版社によって刊行されている。

⑲ Ciano's Diary 1937-1938. Translations and Notes by Andreas Mayor (London, 1952).

⑳ Ciano's Diary 1939-1943. Edited with an Introduction by Malcolm Muggeridge (London, 1947).

リッベントロップは、戦後ニュルンベルク法廷の戦犯として刑死する直前、つぎの回顧録を残したが、あらずもがなの強引な自己弁護が目立つ。

㉑ Joachim von Ribbentrop, Zwischen London und Moskau. Erinnerungen und letzte Aufzeichnungen. Aus dem Nachlass herausgegeben von Annelies von Ribbentrop (Leoni, 1953).

ヒトラーの通訳をした外務省通訳官長パウル=シュミット博士のつぎの回顧録は、本書のなかにミュンヘン会談と独ソ交渉の部分を訳出したが、全体に示唆に富む大著である。

㉒ Paul Schmidt, Statist auf diplomatischer Bühne 1923-1945. Erlebnisse des Chefdolmetschers im Auswärtigen Amt mit den Staatsmännern Europas (Bonn, 1949).

ドイツの政治家、外交官・軍人の回顧録でヒトラーに触れたものは無数にあるが、本書の叙述に関係の深い人物のものだけに限って掲げたい。（以下の訳書が刊行された。パウル・シュミット著、長野明訳『外交舞台の脇役（1923-1945）ドイツ外務省首席通訳官の欧州政治家達との体験』日本図書刊行会、平成10）

㉓ Kurt von Schuschnigg, Ein Requiem in Rot-Weiss-Rot (Zürich, 1946).

㉔ Schuschnigg, Im Kampf gegen Hitler. Die Ueberwindung der Anschlussidee (Wien-München-Zürich,1969).

㉕ Heinrich Brüning, Memoiren 1918-1934 (Stuttgart, 1970).（ぺりかん社から以下の訳書が刊行された。『ブリューニング回顧録』上巻、三輪晴啓、今村晋一郎、佐瀬昌盛訳、昭和四九年、下巻、片岡哲史、佐瀬昌盛訳、昭和五二年）

㉖ Friedrich Hossbach, Zwischen Wehrmacht und Hitler 1934-1938 (Wolfenbüttel/Hannover, 1949).

㉗ Erich von Manstein, Verlorene Siege (Frankfurt/M., 1963).

ヒトラーの世界観を本格的に分析した最初の著作として、エーバーハルト＝イエッケルのものがある。反ユダヤ主義とソ連との武力対決とが中心にあったと考えている。

㉘ Eberhard Jäckel, Hitlers Weltanschauung. Entwurf einer Herrschaft (Tübingen, 1969).

ヒトラー独裁の成立過程、ならびにヒトラー独裁の展開については、カール＝ディトリッヒ＝ブラッヒャーのつぎの著作がすぐれており、邦訳進行中の由である。

㉙ Karl Dietrich Bracher, Die deutsche Diktatur. Entstehung, Struktur, Folgen des National-sozialismus (Köln-Berlin, 1969).

第三帝国の社会史的な構造分析としては、マルチン＝ブロシアトのものがすぐれている。（以下の訳書が刊行された。カール・ディートリッヒ・ブラッヒャー著、山口定・高橋進訳『ドイツの独裁　ナチズムの生成・構造・帰結』Ⅰ、Ⅱ、岩波モダンクラシックス、岩波書店、平成21）

㉚ Martin Broszat, Der Staat Hitlers. Grundlegung und Entwicklung seiner inneren Verfassung.dtv-Weltgeschichte des 20. Jahrhunderts Band 9 (München, 1969).

ドイツの歴史家の手になる第二次世界大戦史としてはつぎの二冊をあげておきたい。

㉛ Lothar Gruchmann, Der Zweite Weltkrieg. dtv-Weltgeschichte des 20. Jahrhunderts Band 10 (München, 1967).

㉜ Herbert Michaelis, Der Zweite Weltkrieg 1939-1945 (Frankfurt/M., 1972).

第二次大戦の史料集として便利なものは

㉝ Hans-Adolf Jacobsen, Der Zweite Weltkrieg. Grundzüge der Politik und Strategie in Dokumenten (Frankfurt/M., 1965).

ヒトラー外交の分析については、それぞれ立場をことにする三つの代表的著作として、ファブリ、ヒルグルーバー、ワインバーグの三人の歴史学者の研究がある。

㉞ Philipp W. Fabry, Der Hitler-Stalin-Pakt 1939-1941 (Darmstadt, 1962).

㉟ Fabry, Die Sowjetunion und das Dritte Reich. Eine dokumentierte Geschichte der deutsch-sowjetischen Beziehungen von 1933 bis 1941 (Stuttgart, 1971).

㊱ Andreas Hillgruber, Hitlers Strategie Politik und Kriegführung 1940-1941 (Frankfurt/M., 1965).

㊲ Gerhard L. Weinberg, Germany and the Soviet Union 1939-1941 (Leiden, 2. ed.1972).

㊳ Weinberg, The Foreign Policy of Hitler's Germany. Diplomatic Revolution in Europe 1933-36 (Chicago, 1970).

ヒルグルーバーがゼラフィムとともに、ワインバーグとのあいだに展開した論争は、「現代史四季報」のなかに見出される。

㊴ Weinberg, Hitlers Entschluss zum Angriff auf Russland, in: Vierteljahrshefte für

Zeitgeschichte,Stuttgart 1953, Heft 4.

㊵ Hans-Günther Seraphim und Andreas Hillgruber, Hitlers Entschluss zum Angriff auf Russland (Eine Entgegnung), Vierteljahrshefte für Zeitgeschichte, 1954, Heft 3.

ヒトラー外交に関しては、このほか、ドイツ外務省の構造を分析したヤコブセンの大著と、新進の歴史学者クラウス＝ヒルデブラントの著作とが注目を集めている。

㊶ Hans-Adolf Jacobsen, Nationalsozialistische Aussenpolitik 1933-1938 (Frankfurt/M. -Berlin, 1968).

㊷ Klaus Hildebrand, Deutsche Aussenpolitik 1933-1945. Kalkül oder Dogma? (Stuttgart, 1970).

ヒトラー外交についての、アメリカにおける研究の一端としてマクシェリーの二巻にわたる大著をあげたい。

㊸ James E. McSherry, Stalin, Hitler and Europe, Vol. 1, The Origins of World War II, 1933-1939 (Cleveland, 1968) Vol. 2, The Imbalance of Power 1939-1941 (Cleveland, 1970).

つぎに掲げるものは、いずれも図版を豊富に収録していることで、とくに当時の生活の実状までをも知るのに大いに参考になる。

㊹ Kurt Zentner, Illustrierte Geschichte des Dritten Reiches (München, 1965).

㊺ Zentner, Illustrierte Geschichte des zweiten Weltkriegs (München, 1963).

㊻ Hans-Adolf Jacobsen und Hans Dollinger (Hrsg.), Der zweite Weltkrieg in Bildern und Dokumenten, 3 Bde. (München, 1963).

本書のなかで比較的くわしく取りあげた日独関係について若干の研究が各国で刊行されている。

㊼ Frank W. Iklé, German-Japanese Relations 1936-1940 (New York, 1956).

㊽ Ernst L. Presseisen, Germany and Japan. A Study in Totalitarian Diplomacy (The Hague, 1958).
㊾ Paul W. Schroeder, The Axis Alliance and Japanese-American Relations 1941 (New York, 1958).
㊿ Johanna M. Menzel, Hitler & Japan. The Hollow Alliance (New York, 1966).
(51) Bernd Martin, Deutschland und Japan im Zweiten Weltkrieg (Zürich und Frankfurt/M., 1969).
(52) Karl Drechsler, Deutschland-China-Japan, 1933-1939 (Ost-Berlin, 1964).
(53) Victor Issraeljan and Leonid Kutakov, Diplomacy of Aggression. Berlin-Rome-Tokyo Axis. Its Rise and Fall (Moscow, 1970).

モスクワからはつぎの著作も英文で刊行されている。

(54) Victor Issraeljan, The Anti-Hitler Coalition. Diplomatic Co-operation between the USSR, USA and Britain during the Second World War 1941-1945 (Moscow, 1971).

このほか、最近のヒトラー研究として、マーザーのナチ党史やヒトラーの手になる文書類の分析、トレヴァー＝ローパーの序文をつけてイギリスから出版されたヒトラー関係文書集、プリダムやアーヴィングの著述、オーローのナチ党史の大著全二巻、ドイッチュの、一九三八年前半のヒトラーと軍部との関係についての研究、スティーヴンスのヒトラ‐ユーゲント（青年団）に関する研究などが目につく（(56)は読売新聞社から西義之訳が刊行された）。

(55) Werner Maser, Der Sturm auf die Republik. Frühgeschichte der NSDAP (Stuttgart, 1973).
(56) Maser, Hitlers Briefe und Notizen. Sein Weltbild in handschriftlichen Dokumenten (Wien, 1973).
(57) F. V. Grunfeld, The Hitler File. Introduction by H. R. Trevor-Roper (London, 1974).
(58) G. Pridham, Hitler's Rise to Power (St. Albans, 1973).

⑤⑨ D. Irving, Hitler. The Years of Absolute Power, 1937-1945 (London, 1974).

⑥⓪ D. Orlow, The History of the Nazi Party. Vol. 1:1919-1933 (Pittsburg, 1969), Vol. 2: 1933-1945 (Pittsburg, 1973).

⑥① H. C. Deutsch, Hitler and His Generals. The Hidden Crisis, January-June 1938 (Minneapolis, 1973).

⑥② F. J. Stephens, Hitler Youth. History, Organization, Uniforms and Insignia (New Malden, 1973).

つぎに邦訳書に移りたい。ヒトラーの主著『わが闘争』の完訳として現在容易に入手できるのはつぎのものである。

⑥③ Wolfgang Michalka (Hrsg), Die nationalsozialistische Machtergreifung (Paderborn, 1984). 三宅の寄稿 Japan und die nationalsozialistische Machtergreifung を収録。

⑥④ ウィリアム＝シェリダン＝アレン著　西義之訳『ヒトラーが町にやってきた――ナチス革命に捲込まれた市民の体験――』番町書房　昭43

⑥⑤ ハナ＝アーレント著『全体主義の起源』全三巻　第一部「反ユダヤ主義」大久保和郎訳　第二部「帝国主義」大島通義訳　第三部「全体主義」掛川トミ子　みすず書房　昭47―48

⑥⑥ アーレント著　大久保和郎訳『イスラエルのアイヒマン』みすず書房　昭44

⑥⑦ ウィーラー＝ベネット著　山口定訳『国防軍とヒトラー』全二巻　みすず書房　昭33―35

⑥⑧ フォルケ＝ベルナドット著　衣奈多喜男訳『幕おりぬ――ヨーロッパ終戦秘史――』国際出版　昭23

⑥⑨ アラン＝バロック著　大西尹明訳『アドルフ・ヒトラー』全二巻　みすず書房　昭33―35

⑦⓪ パウル＝カレル著　松谷建二訳『バルバロッサ作戦』フジ出版社　昭46

⑪ ワシリー＝I＝チュイコフ著　小城正訳『ナチス第三帝国の崩壊』　読売新聞社　昭49
⑫ ウィンストン＝チャーチル著　毎日新聞社翻訳委員会訳『第二次大戦回顧録』全二四巻　毎日新聞社　昭24―30
⑬ チャーチル著　佐藤亮一訳『第二次世界大戦』全二巻　河出書房新社　昭47。これは、前著をチャーチル自身が圧縮要約し、若干の加筆をしたものの邦訳。
⑭ クロード＝　ダヴィド著　長谷川公昭訳『ヒトラーとナチズム』（文庫クセジュ）　白水社　昭46
⑮ ヘルベルト＝フォン＝ディルクセン著　法眼晋作・中川進共訳『モスクワ・東京・ロンドン』　読売新聞社　昭28
⑯ ジャック＝ドラリュ著　片岡啓治訳『ゲシュタポ――狂気の歴史――』　サイマル出版会　昭43
⑰ ルイス＝フィッシャー著　吉沢清次郎訳『平和から戦争への道――スターリン外交の二五年――』　時事通信社　昭45
⑱ ヴィクトール＝E＝フランクル著　霜山徳爾訳『夜と霧』（フランクル著作集1）　みすず書房　昭46
⑲ エーリッヒ＝フロム著　日高六郎訳『自由からの逃走』　東京創元社　昭26
⑳ マックス＝ガイガー著　佐々木悟史・魚住昌良共訳『ドイツ教会闘争』（アルバ新書）　日本基督教団出版局　昭46
㉑ ヘルマン＝グラーザー著　関楠生訳『ヒトラーとナチス』（現代教養文庫）　社会思想社　昭38
㉒ G＝W＝F＝ハルガルテン著　西川正雄訳『独裁者』　岩波書店　昭42
㉓ ハルガルテン著　富永幸生訳『ヒトラー・国防軍・産業界――一九一八年～一九三三年のドイツ史に関する覚書』　未来社　昭和44

⑭ リッドル＝ハート著　岡本鐳輔訳『ナチス・ドイツ軍の内幕』原書房　昭48
⑮ ヴァルター＝ホーファー著　林健太郎・斉藤孝共訳『第二次世界戦争前史――一九三九年夏の国際関係』御茶の水書房　昭33
⑯ ホーファー著　救仁郷繁訳『ナチス・ドキュメント』ぺりかん社　昭44
⑰ ワルター＝ケンポウスキ編　到津十三男訳『君はヒトラーを見たか――同時代人の証言としてのヒトラー体験――』サイマル出版会　昭48
⑱ ジーグフリート＝クラカウアー著　平井正訳『カリガリからヒトラーまで』せりか書房　昭46。丸尾定訳『カリガリからヒトラーへ』みすず書房　昭45
⑲ W＝C＝ランガー著　ガース暢子訳『ヒトラーの心』平凡社　昭49
⑳ エミール＝レーデラー著　青井和夫・岩城完之訳『大衆の国家』東京創元社　昭36
㉑ ジェームズ＝マクガバン著　西城信訳『ヒトラーを操った男――マルチン・ボルマン』新人物往来社　昭49
㉒ ロジャー＝マンヴェル、ハインリヒ＝フレンケル共著　樽井近義・佐原進共訳『ゲッベルスの生涯――第三帝国と宣伝――』東京創元社　昭37
㉓ ヴェルナー＝マーザー著　村瀬興雄・栗原優共訳『ヒトラー』（二十世紀の大政治家5）紀伊国屋書店　昭44
㉔ ヘルマン＝マウ、ヘルムート＝クラウスニック共著　内山敏訳『ナチス時代――ドイツ現代史――』（岩波新書）岩波書店　昭36
95 フリードリッヒ＝マイネッケ著　矢田俊隆訳「ドイツの悲劇」（世界の名著54、林健太郎編『マイネッ

ケ』） 中央公論社 昭44

㊻ A＝ミッチャーリッヒ、M＝ミッチャーリッヒ共著 林峻一郎・馬場謙一共訳『喪われた悲哀――ファシズムの精神構造――』 河出書房 昭47

㊼ フランツ＝ノイマン著 岡本友孝・小野英祐・加藤栄一共訳『ビヒモス――ナチズムの構造と実際――』 みすず書房 昭38

㊽ シグマンド＝ノイマン著 岩永健吉郎・岡義達・高木誠共訳『大衆国家と独裁――恒久の革命――』 みすず書房 昭35

㊾ ワルター＝リュッデ＝ノイラート著 法眼泰子訳『ナチス・ドイツ崩壊前夜』 読売新聞社 昭27

(100) エルンスト＝ノルテ著 ドイツ現代史研究会訳『ファシズムの時代――ヨーロッパ諸国のファシズム運動一九一九～一九四五――』全二巻 福村書店 昭47

(101) クリスティアン＝ペトリー著 関楠生訳『白バラ抵抗運動の記録――処刑される学生たち』 未来社 昭46

(102) マックス＝ピカート著 佐野利勝訳『われわれ自身のなかのヒトラー』 みすず書房 昭40

(103) W＝G＝Z＝プトリッツ著 谷村暲訳『ドイツ現代史』 みすず書房 昭35

(104) ヘルマン＝ラウシュニング著 菊盛英夫・三島憲一共訳『ニヒリズムの革命』 筑摩書房 昭47（片岡啓治訳〈抄訳〉『ニヒリズム革命』 学芸書林 昭47

(105) ラウシュニング著 船戸満之訳『ヒトラーとの対話』 学芸書林 昭47

(106) ゲルト＝レッシンク著 佐瀬昌盛訳『ヤルタからポツダムへ――戦後世界の出発点――』 南窓社 昭46

⑩⑦ クルト＝リース著　西城信訳『ゲッベルス』図書出版社　昭46
⑩⑧ H＝R＝トレヴァー＝ローパー著　橋本福夫訳「ヒトラー最後の日」（世界ノンフィクション全集13）筑摩書房　昭36
⑩⑨ ハンス＝ロートフェルス著　片岡啓治・平井友義共訳『第三帝国への抵抗』弘文堂　昭38
⑪⓪ ラッセル著　大沢基訳『人工地獄――ナチス戦争犯罪小史――』みすず書房　昭32
⑪① ヤルマール＝シャハト著　永川秀男訳『我が生涯』全二巻　経済批判社　昭29
⑪② インゲ＝ショル著　内垣啓一訳『白バラは散らず　改訳版』未来社　昭39
⑪③ ウィリアム＝L＝シャイラー著　井上勇訳『第三帝国の興亡』全五巻　東京創元社　昭36
⑪④ ルイス＝スナイダー著　永井淳訳『アドルフ・ヒトラー』（角川文庫）角川書店　昭45
⑪⑤ テオ＝ゾンマー著　金森誠也訳『ナチスドイツと軍国日本――防共協定から三国同盟まで――』時事通信社　昭39
⑪⑥ アルバート＝シュペール著　品田豊治訳『ナチス狂気の内幕』読売新聞社　昭45
⑪⑦ アンドルー＝タリー著　高橋正訳『ベルリン最後の日――ナチス・ドイツ壊滅の記録――』弘文堂　昭40
⑪⑧ ピーター＝ヴィーレック著　西城信訳『ロマン派からヒトラーへ――ナチズムの源流』紀伊国屋書店　昭48
⑪⑨ クラウス＝フィールハーバー他編　中井晶夫・佐藤健生共訳『権力と良心――ヴィリー＝グラーフと白バラ――』未来社　昭48
⑫⓪ ギュンター＝ワイゼンボルン著　佐藤晃一訳『声なき抵抗』岩波書店　昭32

⑫① S＝J＝ウルフ編　斉藤孝監訳『ファシズムの本質』大光社　昭45
⑫② アラン＝ワイクス著　渡辺修訳『ヒトラー――伍長から独裁者へ――』（バランタイン版第二次世界大戦ブックス22）サンケイ新聞社出版局　昭46
⑫③ ゲ＝カ＝ジューコフ著　清川勇吉・相場正三久・大沢正共訳『ジューコフ元帥回顧録――革命・大戦・平和』朝日新聞社　昭45
⑫④ ジェフリー・ロバーツ著　松島芳彦訳『スターリンの将軍――ジューコフ』白水社、平成25
⑫⑤ キャサリン・メリデール著　松島芳彦訳『イワンの戦争――赤軍兵士の記録1939－45』白水社、平成24
⑫⑥ ハラルト・シュテファン著　滝田毅訳『ヒトラーという男――史上最大のデマゴーグ』講談社、平成10
⑫⑦ ジェフリ・プリダム著　豊永泰子・垂水節子訳『ヒトラー　権力への道――ナチズムとバイエルン1923～1933』時事通信社、昭50
⑫⑧ エバーハルト・イエッケル著　滝田毅訳『ヒトラーの世界観』南窓社、平成3
⑫⑨ ゲッツ・アリー著　芝健介訳『ヒトラーの国民国家――強奪・人種戦争・国民的社会主義』岩波書店、平成24
⑬⓪ イアン・カーショー著　石田勇治訳『ヒトラー　権力の本質』白水社、平成11
⑬① イアン・カーショー著　石田勇治監修　川喜多敦子訳『ヒトラー（上）：1889－1936　傲慢』白水社、平成27、石田勇治監修　福永美和子訳『ヒトラー（下）：1936－1945　天罰』白水社、平成28

(132) セバスチャン・ハフナー著　瀬野文教訳『ヒトラーとは何か』草思社、平成25

ヒトラー関係の邦訳書の一部分だけでも、このようにかなりの量にのぼるが、それに比して、史料の邦訳がほとんど見られないのは淋しい。本来の意味での史料集の邦訳としては、米国務省の発表した『ナチ・ソヴィエト関係一九三九〜一九四一』の訳としての、つぎのものを掲げうるにとどまる。

(133) フィリップ・ビューラン著　佐川和茂・佐川愛子訳『ヒトラーとユダヤ人――悲劇の起源をめぐって』三交社、平成8

(134) 米国務省編『大戦の秘録　独外務省の機密文書より』読売新聞社　昭23

米国務省が、これにより、独ソ間の秘密の取り引きを示す文書をばくろしたのに対するソ連側の抗議のパンフレットが邦訳されている。

(135) ソ同盟情報局『歴史の偽造者（歴史上の事実）』外国語図書出版所　昭23　モスクワ

重要な意味を持つニュルンベルク裁判についても、わずかにつぎの訳書があるのみである。

(136) 島田正一・桝谷秀夫・厳本荘民共訳『ニュールンベルク国際裁判判決記録』東雲堂新装社　昭22

つぎのものは、ヒトラー関係の史料と文献との抄訳を集めたものである。巻末のくわしい文献紹介も有益である。

(137) 嬉野満洲雄・赤羽龍夫共編『ナチス』（ドキュメント現代史3）平凡社　昭48

つぎに、我が国の研究者の手によるヒトラー研究に眼を転じたい。我が国における高い研究水準を示すものとして、最初につぎの各書をあげたい。

(138) 村瀬興雄著『ヒトラー――ナチズムの誕生――』誠文堂新光社　昭37

(139) 村瀬興雄著『ナチズム――ドイツ保守主義の一系譜――』（中公新書）中央公論社　昭43

⑭⓪ 村瀬興雄著『ドイツ現代史　第九版』東大出版会　昭45
⑭① 山口定著『アドルフ・ヒトラー――第三帝国への序曲――』（三一新書）三一書房　昭37
⑭② 中村幹雄著『ドイツ現代政治史――ナチスの興隆――』　世界思想社　昭44
⑭③ 塚本健著『ナチス経済』　東大出版会　昭39
⑭④ 岩波講座『世界歴史』　28現代5　岩波書店　昭46。とくに宮田光雄「ドイツ《第三帝国》の政治構造」
⑭⑤ 岩波講座『世界歴史』　29現代6　昭46
ヒトラーをめぐる国際政治史の手がたい研究として、つぎの二著がある。
⑭⑥ 角田順著『ボールドウィン・チェイムバリンとヒトラー――英国外交政策に於ける power issue と moral issue――』　御茶の水書房　昭33
⑭⑦ 斉藤孝著『第二次世界大戦前史研究』　東大出版会　昭40
⑭⑧ 綱川政則著『ヨーロッパ第二次大戦前史の研究――イギリス・ドイツ関係を中心に――』刀水書房、平成9
軍事史の側面からの研究としては、寺阪精二氏の遺著がある。多田氏の研究はラガルド論などに特色がある。
⑭⑨ 寺阪精二著『ナチス・ドイツ軍事史研究』　甲陽書房　昭45
⑮⓪ 多田真鋤著『近代ドイツ政治思想研究――ナチズムの理念史――』　慶応通信　昭41
政治学における独裁の概念からヒトラーを把握し、マルクス主義における独裁理論ならびにスターリン独裁と比較研究を行ったものとして、つぎの三著がある。

⑮1 猪木正道編『独裁の研究』 創文社 昭32
⑮2 猪木正道著『独裁の政治思想』 創文社 昭36
⑮3 猪木正道著『独裁者』 筑摩書房 昭38
笹本駿二氏の著作は、小冊子ながら、大戦時のヨーロッパ特派員としての実地における豊富な体験と、史料研究とをからみ合わせたものとして貴重である。
⑮4 笹本駿二著『第二次世界大戦前夜――ヨーロッパ一九三九年――』（岩波新書）岩波書店 昭44
⑮5 笹本駿二著『大戦下のヨーロッパ』（岩波新書）岩波書店 昭45
つぎの研究は、モロトフのベルリン訪問を日ソ独伊四国同盟問題にからめて詳細に分析したものとして注目される。
⑮6 尾上正男著『ソビエト外交史Ⅲ――スターリンの臨戦外交政策――』 有信堂 昭45
ドイツ現代史全般にわたる欧文文献目録としてつぎのものがある。
⑮7 林健太郎編『ドイツ現代史総合文献目録』 東大出版会 昭41
さらに、つぎのものが参考となろう。
⑮8 林健太郎著『ワイマル共和国』（中公新書） 中央公論社 昭38
⑮9 村瀬興雄編『ファシズムと第二次大戦』（『世界歴史』15） 中央公論社 昭37
⑯0 中山治一・猪木正道共編『現代の世界』（『世界歴史』7） 人文書院 昭40
⑯1 原種行他著『第二次世界大戦』（『世界の戦史』10） 人物往来社 昭42
⑯2 野田宣雄著『独裁者の道』（『大世界史』24） 文芸春秋社 昭44
⑯3 上山春平・三宅正樹共著『第二次世界大戦』（『世界の歴史』23） 河出書房 昭45

⑯④ 高坂正堯・鳥海靖・野田宣雄共著『変貌する現代世界』（『人類文化史』7）講談社　昭48
新左翼系理論家による異色のヒトラー賛美論としてつぎの二冊がある。ただし研究としての水準は高くない。
⑯⑤ 長沼博明著『ファシズム革命』現代思潮社　昭47
⑯⑥ 長沼博明著『ヒトラーの闘争』青年書館　昭48
その他ヒトラーについての文献として
⑯⑦ 福島克之著『ヒトラーのいちばん長かった日』光人社　昭43
⑯⑧ 西義之著『ヒットラーがそこへやってきた』文芸春秋社　昭46
⑯⑨ 佐々木基一・開高健共編『わが内と外なるヒトラー』講談社　昭49
⑰⓪ 小笠原久正著『若きヒトラー』芳賀書店　昭44
小笠原氏の編集した写真集として
⑰① 『写真集ヒトラー――第三帝国・興亡の記録』芳賀書店　昭45
⑰② 芝健介著『ヒトラーのニュルンベルク』吉川弘文館、平成12
⑰③ NHK取材班編『別巻　その時歴史が動いた　ヒトラーと第三帝国』NHK出版、平成15
⑰④ 黒川康著『笛吹き男ヒトラー　1930年ドイツ総選挙』埼玉新聞社、平成21
⑰⑤ 高田博行著『ヒトラー演説　熱狂の真実』（中公新書）中央公論新社、平成26
⑰⑥ 石田勇治著『ヒトラーとナチ・ドイツ』（講談社現代新書）講談社　平成27
最後に、日独防共協定・日独伊三国同盟を中心とする国際政治史関係の文献をあげておきたい。

基礎的な史料として

⒄『極東国際軍事裁判速記録』全一〇巻　雄松堂書店　昭43。とくに日独伊三国同盟関係の審理を含む第二巻が興味深い。
⒅角田順解説『現代史資料10　日中戦争3』みすず書房　昭39
松岡外相の意図を弁護したものとして
⒆斉藤良衛著『欺かれた歴史――松岡洋右と三国同盟の裏面』北岡伸一解説（中公文庫）中央公論新社、平成24
近衛手記はいくつかの版が出ているが、現在入手しやすいものとして
⒇共同通信社「近衛日記」編集委員会編『近衛日記』昭43
日独伊三国同盟の研究としてつぎのものがあげられる。
(181)島内竜起著『ヒトラー・スターリン・天皇制官僚』みすず書房　昭32
(182)大畑篤四郎・細谷千博著『日独伊三国同盟・日ソ中立条約』（『太平洋戦争への道』5）朝日新聞社　昭38
(183)三輪公忠著『松岡洋右』（中公新書）中央公論社　昭46
(184)三輪公忠編『世界の中の日本』（総合講座『日本の社会文化史』7）講談社　昭49。拙稿「日独関係の歴史的展開とソ連――ヒトラー・スターリンと日独伊三国同盟」所収
(185)義井博著『昭和外交史』　南窓社　昭46
(186)義井博著『増補　日独伊三国同盟と日米関係』南窓社、平成9
(187)義井博著『ヒトラーの戦争指導の決断――1940年のヨーロッパ外交』荒地出版社、平成11
(188)石田憲著『日独伊三国同盟の起源――イタリア・日本から見た枢軸外交』（講談社選書メチエ）講談

社、平成25
(189) 田嶋信雄『ナチズム外交と「満州国」』千倉書房、平成25
(190) 田嶋信雄『ナチズム極東戦略――日独防共協定を巡る情報戦』講談社、平成9
(191) 田嶋信雄『日本陸軍の対ソ戦略――日独防共協定とユーラシア政策』吉川弘文館、平成29
(192) 工藤章・田嶋信雄共編『日独関係史　一八九〇――一九四五』全三巻、東京大学出版会、平成20
(193) 田嶋信雄・工藤章共編『ドイツと東アジア　一八九〇――一九四五』東京大学出版会、平成29
(194) 三宅正樹著『日独伊三国同盟の研究』南窓社、昭和50
(195) 三宅正樹著『日独政治外交史研究』河出書房新社、平成8
(196) 三宅正樹著『ユーラシア外交史研究』河出書房新社、平成12
(197) 三宅正樹著『スターリン、ヒトラーと日ソ独伊連合構想』（朝日選書）朝日新聞社、平成19
(198) 三宅正樹著『近代ユーラシア外交史論集――日露独中の接近と抗争』千倉書房、平成27
(199) Gerhard Krebs, Japans Deutschlandpolitik 1935-1941. Eine Studie zur Vorgeschichte des Pazifischen Krieges, Bd. 1 und 2 (Hamburg, 1984).

つぎのものは、当時の関係当事者で生存している人々の証言を中心としたオーラル‐ヒストリーをめざしたものであるが、とくに第二〇巻から第二五巻までは日独防共協定と日独伊三国同盟成立の歴史をたどったものである。

(200) 読売新聞社編『昭和史の天皇』全三〇巻　昭42～昭51

さくいん

【る・れ・ろ・わ】

●写真出典

Kurt Zentner, Illustrierte Geschichte des Dritten Reiches,
Deutsche Buch-Gemeinschaft, Belin-Darmstadt-Wien 1967
口絵の①、②

Hans-Adolf Jacobsen und Hans Dollinger (Hrsg.), Deutschl and,
Hundert Jahre Deutsche Geschichte, Illustrierte Sonderausgabe,
Verlag Kurt Desch, München 1973　口絵の③の下と④の上下

PPS
p.52、p.96、p.123、p.195

共同通信社
口絵③の上、p.75

毎日新聞社
p.183

新《しん》・人《ひと》と歴史《れきし》　拡大版《かくだいばん》　10
ヒトラーと第二次世界大戦《だいにじせかいたいせん》〔新訂版《しんていばん》〕

定価はカバーに表示

2017年5月30日　　初　版　第1刷発行

著　者　　三宅《みやけ》　正樹《まさき》
発行者　　渡部　哲治
印刷所　　法規書籍印刷株式会社
発行所　　株式会社　**清水書院**
〒102－0072
東京都千代田区飯田橋3－11－6
電話　03－5213－7151㈹
FAX　03－5213－7160
http://www.shimizushoin.co.jp

カバー・本文基本デザイン／ペニーレイン　　DTP／株式会社 新後閑
乱丁・落丁本はお取り替えします。　ISBN978－4－389－44110－4